Der neue Corporate Influencer

Thomas Klein

Der neue Corporate Influencer

Effizientes Social-Media-Marketing
mit einem internen Content Creator

 Springer Gabler

Thomas Klein
sentimeo UG, Essen, Deutschland

ISBN 978-3-658-32373-8   ISBN 978-3-658-32374-5   (eBook)
https://doi.org/10.1007/978-3-658-32374-5

Die Deutsche Nationalbibliothek verzeichnet diese Publikation in der Deutschen Nationalbibliografie; detaillierte bibliografische Daten sind im Internet über http://dnb.d-nb.de abrufbar.

Planung/Lektorat: Manuela Eckstein
Springer Gabler ist ein Imprint der eingetragenen Gesellschaft Springer Fachmedien Wiesbaden GmbH und ist ein Teil von Springer Nature.
Die Anschrift der Gesellschaft ist: Abraham-Lincoln-Str. 46, 65189 Wiesbaden, Germany

Kurzer Hype oder neues Berufsbild?

Mit den Social Media hat sich die Kommunikation der Menschen verändert. Die digitale Form des Dialogs über die sozialen Netzwerke ist einfach, geht schnell, ermöglicht Selbstdarstellung und schafft Anerkennung. Die Social Media sind und bleiben Plattform für den zwischenmenschlichen Dialog. Unternehmen (= Marken) wollen in den Social Media mitreden. Die Netzwerke eignen sich perfekt als Service-Kanal, um mit Kunden und Interessenten in den Dialog zu treten. Anliegen der Kunden oder Interessenten werden zeitnah und unkompliziert beantwortet. Doch schnell kam bei Unternehmen der Wille nach Vertrieb und Umsetzung des klassischen Push-Marketings in diesen Kanälen zum Vorschein. Es werden millionenschwere Budgets in Social Ads investiert, um Menschen und Märkte mit dem eigenen Produkt oder der eigenen Dienstleistung zu penetrieren – nach dem Motto: „Kauf oder stirb!" Das funktioniert. Doch ist das der smarte Weg im Social-Media-Marketing? Ich sage nein.

Meine Mission

Ich sehe es kritisch, wie in Deutschland mit neuen Technologien umgegangen wird. Ich sehe die Zurückhaltung zu neuen Berufsformen in den sozialen Medien. Ich sehe viele Millionen junge Menschen, die sich ein Leben als Content Creator wünschen. Doch werden diese jungen Menschen in unserer Gesellschaft wirklich abgeholt? Werden Sie konstruktiv aufgeklärt, was dieser Beruf bedeutet und was er an guten und schlechten Seiten mit sich bringt? Ich glaube es nicht. Die jungen Menschen stehen vor Lehrern und Professoren, die mit den Achseln zucken und sagen: „Das ist doch kein Beruf."

Ich erinnere mich zurück an die Freunde-Bücher meiner Klassenkameraden/innen im Jahr 1981. Jeder durfte sich eintragen. In jedem Buch gab es das Feld:

„Welchen Beruf möchtest Du einmal erlernen?" Ich schrieb dort immer „Schlagersänger" hinein. Der heutige Influencer ist der Schlagerstar der Achtzigerjahre.

Das Meinungsbild in der Gesellschaft über Influencer ist nach meiner Auffassung überwiegend kritisch. Die klassischen Medien berichten oft negativ polarisierend über das Verhalten und die Publikationen von Influencern. Zeiten ändern sich. Technologien ändern sich. Selbstverständlich ist ein kritischer und prüfender Blick legitim und erforderlich. Doch lassen Sie uns mit dem Fortschritt gehen, anstatt den Anschluss zu verlieren.

Nach meiner Definition ist ein Influencer ein Online-Kommunikationsprofi, der es schafft, Menschen durch hoch qualitative und relevante Contents und Dialoge zu begeistern, zu unterhalten und Vertrauen zu ihnen aufzubauen. Es ist ein künstlerischer bzw. kommunikativer Beruf wie jeder andere auch, der seine Daseinsberechtigung verdient. Meine Mission ist es, dieses Berufsbild zu stärken und aufzubauen.

Der Mensch im Fokus
Social Media bedeutet Mensch-zu-Mensch-Kommunikation. Die Social Media „gehören" den Menschen, ihren Freunden, Bekannten und Verwandten rund um den Globus. Die Aversion gegen Werbung ist inzwischen allseits bekannt. Menschen wollen sich in den sozialen Netzwerken mit ihren Freunden unterhalten und keine Krankenversicherung kaufen. Der Mensch in den Social Media steht im Mittelpunkt, nicht das Produkt. Social Media bedeutet Kommunikation. Kommunikation ist immer bidirektional. Nach vielen Jahren Arbeit in deutschen Social-Media-Abteilungen bin ich der Meinung, dass viele Marken diese Quintessenz und deren Chance in einem Dialog auf Augenhöhe noch nicht verstanden haben. Im Mittelpunkt ihrer Kommunikation steht: „Seht her, wie toll ich und mein Produkt sind und kauf es jetzt!" Die Social-DNA ist noch nicht in allen Bereichen (vor allem in der Geschäftsleitung und im Vorstand) verwurzelt.

Wahrnehmung durch Influencer
Algorithmen dämmen die ständig steigende Informationsflut für die Nutzer ein. Die organischen Reichweiten der Marken sinken dramatisch weiter. 10 bis15 % Reichweite in Relation zur Fanbase sind heute gängig. Die Folge: Die Marke und das Produkt werden nicht mehr wahrgenommen. Also suchte man sich ein Vehikel, um wieder Wahrnehmung zu schaffen: den Influencer. Es entstand eine neue Teildisziplin des Social-Media-Marketings, das Influencer-Marketing. Die Ergebnisse zeigen, dass Influencer-Marketing mit einer konsistenten Story gut funktioniert. Nun ist es an der Zeit, Social- Media-Marketing auf ein neues Level zu heben.

Der Permanent Corporate Influencer (PCI)

Influencer erfordern (noch) einen kräftigen Budgeteinsatz. Bis zu 100 € pro 1000 erreichte Nutzer muss eine Marke auf den Tisch legen. Veröffentlicht der Influencer sinnvollerweise mehrere Posts, fallen schnell 10.000 bis 50.000 € Investment an. Für eine Kampagne mit mehreren Influencern sind schnell sechsstellige Budgets erforderlich. Eine Budgetsumme, die sich ein kleines oder mittelständisches Unternehmen nicht unbedingt leisten will oder kann.

Ich zeige in diesem Buch eine neue Variante des Influencers (Content Creator): den festangestellten Influencer – eine Art Aufzuchtstation für einen internen Influencer. Er baut für Ihre Marke eine Community auf und schafft dadurch Wahrnehmung für Ihre Marke. Außerdem erschließt er für Sie ein neues Geschäftsmodell über bezahlte Werbekooperationen.

Social-Media-Marketing bedeutet Beziehungen zu Menschen aufzubauen. Ich bin fest davon überzeugt, dass der PCI perfekt geeignet ist, um diese Ziele noch schneller und effizienter zu erreichen. Dieses Buch gibt Ihnen einen Anstoß, in eine neue Richtung im Social-Media-Marketing zu denken. Es zeigt Ihnen neue Wege, mit bereits vorhandenen Budgets einen neuen Weg im Social-Media- und Influencer-Marketing zu gehen.

Über dieses Buch

Dieses Buch ist das erste Basiswerk für Unternehmen (Marken) sowie für zukünftige PCI. Es zeigt Unternehmen die vollumfängliche Strategie, Prozessplanung und Umsetzung. Zukünftige PCI erhalten eine praxisnahe Anleitung, wie die Kommunikation des PCI strategisch geplant und umgesetzt wird.

Das Buch setzt Grundkenntnisse in der Markenkommunikation und im Social-Media-Marketing voraus. Aber auch Einsteiger erhalten durch eine leicht verständliche Sprache und ein Glossar in Abschn. 8.5 Grundlagen zu diesen Fachthemen.

Ich werde in diesem Buch anstelle des Begriffes „Influencer" das Wort „Creator" oder „Content Creator" verwenden. Die Begrifflichkeit „Influencer", „Content Creator" oder „Manager" ist aus dem Englischen adaptiert und im Deutschen transsexuell. Der Begriff „Marke" wird für Ihr Unternehmen, Ihre Organisation, Ihre Unternehmenseinheit, Ihren Verein oder für Sie als unternehmerisch tätige Person verwendet.

Die Zukunft des PCI

Der PCI ist zum Zeitpunkt der Bucherstellung ein noch nicht anerkannter Beruf in Deutschland, Österreich und der Schweiz. Daher hat dieses Buch zwar einen idealistischen Ansatz, wird jedoch mit detaillierten Fakten und Erfahrungswerten meiner über 20-jährigen Berufstätigkeit im digitalen Marketing gestützt. Meine Mission, Vision und Aufgabe ist es, die Grundlagen für den PCI in unserer Wirtschaft zu schaffen. Vor Ihnen liegt die erste fundierte Ausarbeitung der Definition dieses neuen Berufsbildes. Ich werde bei Kammern, Organisationen und Behörden die wirtschaftlichen und rechtlichen Grundlagen für den PCI schaffen. In einer modernen Marktwirtschaft, die immer mehr von IT und Vernetzung geprägt ist, fallen Berufe weg. Neue Berufsfelder entstehen. Eines davon ist der Beruf des PCI. Beidseitig attraktiv: für Unternehmen und Menschen, die mit den Social Media aufgewachsen sind und dafür brennen. Das Kommunikationsverhalten der Menschen wird sich so schnell nicht mehr ändern. Ich sehe daher hohes Potenzial sowohl für die Zukunft des PCI als auch für die Marke und die Arbeitnehmer. Unter www. permanent-corporate-influencer.de werde ich Sie zur spannenden Entwicklung auf dem Laufenden halten.

Dieses Berufsbild in Festanstellung steht im Wettbewerb zur freiberuflichen bzw. selbstständigen Tätigkeit eines Content Creators. Es gibt daher einige Gemeinschaften, die sich aufgrund wirtschaftlicher Interessen skeptisch gegen dieses Berufsbild auflehnen. Ich spreche hier von Media- und Influencer-Marketing-Agenturen und Dienstleistern, deren Geschäftsmodell auf der Vermittlung von Content Creators auf selbstständiger Basis beruht. Ich lade diese Dienstleister ein, ihre Perspektive auf die Zukunft des Content Creators nachhaltig zu erweitern. Öffnen Sie den Blick für den Aufbau nachhaltiger Potenziale und stellen Sie die ideellen Werte für die Branche in den Fokus Ihres Geschäftsmodells.

Machen Sie mit!

Gestalten Sie die Zukunft des PCI gemeinsam mit vielen anderen Experten aus den Bereichen HR und Marketing. Lassen Sie uns in den Austausch treten. Auf dem neuen Wissens- und Diskussionsportal www.permanent-corporate-influence r.de finden Sie neben allen aktuellen Entwicklungen, Informationen und Ausbildungsangeboten auch ein interaktives Social Network. Treten Sie in den Dialog mit mir und einer wachsenden Community an Unterstützern dieses neuen Berufsbildes. Millionen junge Menschen werden es Ihnen danken, unsere digitale Kommunikation wird nachhaltig bereichert und Ihre Unternehmenserfolge werden für die Zukunft gesichert.[1]

---

[1] An dieser Stelle soll folgender Hinweis nicht fehlen: Aus Gründen der besseren Lesbarkeit wird in diesem Buch auf die gleichzeitige Verwendung der Sprachformen männlich, weiblich und divers verzichtet. Sämtliche Personenbezeichnungen gelten natürlich gleichermaßen für alle Geschlechter.

Inhaltsverzeichnis

Über den Autor

Thomas Klein ist zertifizierter Social-Media-Manager und seit dem Jahr 2000 im digitalen Marketing tätig. Der Beinahe-Jurist im Sozialversicherungsrecht gründete im Jahr 2000 sein erstes Internet Start-up. In den frühen Jahren der gewerblichen Internetnutzung entwickelte er ein Web-Content-Management-System und setzte über 300 gewerbliche Internetseiten um.

In der ersten Stunde von Social Media in Deutschland (2009), realisierte er die erste Social-Media-Strategie bei einem Unternehmen im Logistikbereich in 44 Ländern Europas. 2013 veröffentlichte Klein sein erstes Fachbuch „Social Media Methoden", erschienen im Cornelsen Verlag. 2015 gründete er seine Social-Media-Agentur *sentimeo*. Es folgten Social-Media-Beratungsmandate bei den größten Marken Deutschlands, wie zum Beispiel der Deutschen Bahn, OTTO, Volkswagen und Zentis. Heute ist Klein Spezialist für Influencer-Marketing. Er launchte 2019 unter sentimeo.com die erste Online-Ausbildungs- und Zertifizierungs-Plattform für Content Creator. Als Redner auf Kongressen und Events schätzen ihn seine Zuhörer als einen pragmatischen Fachmann, der Social-Media- und Influencer-Marketing auf den Punkt gebracht erklärt.

Der Permanent Corporate Influencer (PCI)

Zusammenfassung

Dieses Kapitel bietet Ihnen einen Einblick in die Definition und Rollen des PCI. Sie erfahren anhand der Herleitung der Social Media und des Kommunikationsverhaltens der Menschen, weshalb der Einsatz eines PCI strategisch sinnvoll ist. Darüber hinaus erhalten Sie eine Zusammenfassung zur Zielstellung, den Chancen, aber auch den Risiken dieser Beschäftigungsform.◄

1.1 Social Media heute und in Zukunft

1.1.1 Historische Veränderung der Kommunikation

Der Ursprung einer historischen Veränderung des Kommunikationsverhaltens der Menschen ist das Internet. Mitte der Neunziger kam es flächendeckend nach Europa und hat die gesellschaftliche Kommunikation verändert. Heute ist das Internet als selbstverständlich präsent. So wie das Wasser, das durch den Wasserhahn kommt, oder der Strom aus der Steckdose. Die Bandbreiten steigen konstant an. Mit dem ersten iPhone im Jahr 2001 kamen auch die mobilen Datenzugänge in Schwung. Heute hat fast jeder das Internet dank Smartphone in der Hosentasche. Mit 5G liefert das Internet an jedem Ort alle Informationen und Daten, die man gerade benötigt. Und das in rasanter Geschwindigkeit.

Ende der 2000er kamen die großen sozialen Netzwerke aus Amerika und setzten sich in der breiten Bevölkerung durch. Plötzlich konnte man sich selbst inszenieren, im besten Licht zeigen und erhielt Anerkennung. Menschen kommunizierten über diese Plattformen mit ihren Freunden und Bekannten in Textform. Innerhalb von Sekunden war es möglich, durch einen Post ein vielfaches Feedback seiner Freunde einzuholen. Mit nur einem Klick wurde durch einen Kommentar die eigene Meinung hinterlassen und tausende Menschen erreicht. Eine neue bidirektionale dynamische Kommunikation auf einfach bedienbaren technischen Plattformen – frei und kostenlos zugänglich.

1.1.2   Die sozialen Netzwerke heute

Die Social Media sind inzwischen etabliert und Bestandteil der zwischenmenschlichen Kommunikation. Sie sind zu einer Plattform der Selbstdarstellung geworden. Marken möchten an dieser Kommunikation teilnehmen und haben ihre Markenkanäle in Facebook, Instagram & Co. über viele Jahre hinweg aufgebaut. Es stellt sich die Frage, ob hier eine konstante emotionale Beziehung zu dem Follower aufgebaut wurde und erhalten wird, denn eine Beziehung muss gepflegt werden. Sie muss erhalten bleiben und erfordert eine ständige Stärkung des Vertrauens in die Marke.

Die Social Media haben die Markenkommunikation verändert. Menschen nutzen die Social Media als direktes Kommunikationsmedium zur Marke. Es entstehen Marken-Kunden- und Kunden-Kunden-Dialoge, die öffentlich sichtbar sind und für immer im Internet stehen. Gleichzeitig brachte die Kommunikation in den Social Media zwei weitere Effekte mit sich, die die Markenkommunikation beeinflussen:

1. Aversion gegen Werbung
2. Sinkende Reichweiten

1.1.3   Werbeaversion und sinkende Reichweiten

Nur 16 % der Internetnutzer in Deutschland (Nielsen 2017) vertrauen auf Online-Werbebanner und 88 % vertrauen auf Empfehlungen von Bekannten oder Freunden. Die Vernetzung der Menschen in den Social Media unterstützt sie dabei enorm. Das Vertrauen in die klassische Werbung ist gesunken. Die Empfehlung eines Freundes bzw. einer Freundin ist das kaufentscheidende Kriterium. Und Freunde in dieser Definition sind Social Media Follower oder Content Creator.

Social Media eignet sich ideal, um Empfehlungsmarketing zu betreiben, denn sie generieren in Ihren relevanten sozialen Kanälen Anhänger und Fans, indem Beziehungen und Vertrauen aufgebaut werden. Dann kaufen Ihre Follower und sprechen positiv über Sie. Verewigt für immer im niemals vergessenden Internet. Das gibt eine positive Empfehlung für andere Nutzer ab, die vor einer Kaufentscheidung stehen, Ihre Marke vielleicht noch nicht kennen und sich darüber informieren möchten.

Im Laufe der Jahre stieg die Zahl der durchschnittlichen Anzahl an Freunden und Follower der Social-Media-Nutzer. Ebenso summierte sich die Anzahl der Business Accounts, denen ein Social-Media-Nutzer folgt. Daraus resultiert, dass der Nutzer einer steigenden Anzahl an Inhalten in den Social Media ausgesetzt wurde. Eine Menge an Informationen, die der Nutzer nicht mehr konsumieren konnte. Die sozialen Netzwerke führten daher komplexe Algorithmen ein, welche die Inhalte der Nutzer nach Relevanz filtern. Das Ziel eines jeden Filters: Zeige dem Nutzer nur Inhalte an, die für ihn von Interesse sein könnten. So spielt hierbei eine Rolle, mit welchen Konten durch Kommentare oder Nachrichten interagiert wurde und wie das aktuelle Nutzerverhalten in Bezug auf thematische Interessen bewertet wird.

Viele Unternehmen wenden bis heute das klassische Push-Marketing in den Social Media an. Durch hohe Penetration der Marken- oder Produktbotschaft und einen hohen Budgeteinsatz, erreicht man, dass weniger als 1 % der erreichten Nutzer auf die Anzeige klicken. Ein Ansatz, der unter dem Motto „die Masse macht´s" durchaus funktionieren kann. Früher hat das durch Zeitungs- und TV-Werbung funktioniert.

Bei Anwendung des Push-Marketings in den Social Media entsteht innerhalb der Contents ein hoher werblicher Charakter. Bedingt durch eine niedrige Interaktion erreichen die Contents des Markenkanals kaum noch organische (kostenlose) Reichweite. Ist der Content werblich, wird er vom Nutzer ignoriert. Die Algorithmen strafen die fehlende Interaktion damit ab, dass der Content von den Followern des Kanals als nicht relevant eingestuft wird. Der Kanal verliert damit an organischer Reichweite.

Das klassische Sender-Empfänger-Modell greift nicht mehr, die klassische Massenkommunikation wurde neu definiert (s. Abb. 1.1). Märkte werden zu Dialogen. In den Social Media nehmen Marken durch das Führen von Dialogen auf Augenhöhe Einfluss auf den Markt. Große Werbebudgets, um eine hohe Wahrnehmung zu erreichen, funktionieren zwar, sind aber nicht smart. Sie rechtfertigen nicht, den ursprünglichen Nutzen der Social Media außer Acht zu lassen. Klug ist es, durch eine persönliche und emotionale Kommunikation Beziehungen zu Menschen aufzubauen (Community) und diese zu halten.

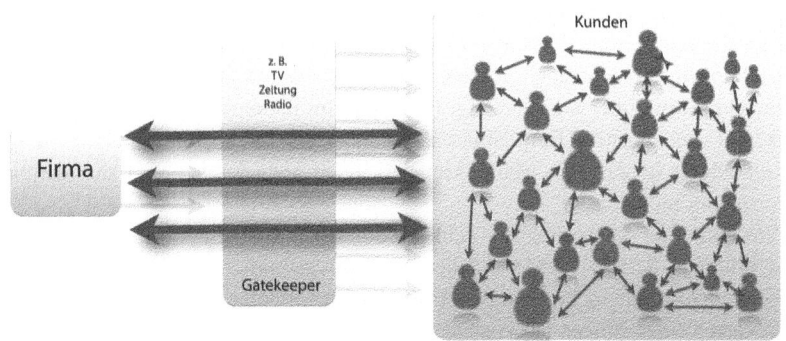

Abb. 1.1 Sender-Empfänger-Modell

Mit dem PCI erhalten Sie ein Werkzeug, mit dem Sie in den Social Media erfolgreich Beziehungen aufbauen können. Diese Beziehungen werden nachhaltig sein und Ihnen großen Nutzen entlang Ihrer Wertschöpfungskette ermöglichen. Sie erfahren außerdem, wie Sie Ihre Media-Budgets mithilfe der PCI-Strategie noch effektiver und effizienter einsetzen.

1.1.4 Social Media in der Zukunft

Die Generation der Digital Natives wächst nach. Die digitale Technologie wird weiter Einzug in unser Privat- und Arbeitsleben nehmen. Es werden neue soziale Netzwerke kommen und wieder gehen. Als Marke werden Sie regelmäßig neu bewerten, ob ein neues soziales Netzwerk, das stark wächst und an Popularität gewinnt, für Ihre Kommunikation relevant ist. Die Zukunft ist datengetrieben. Daten der Kunden, Interessenten und Follower sind das Kapital der Zukunft. Die Marke, die ihre Follower genau kennt, kann durch eine personalisierte Kommunikation eine höhere Wahrnehmung sowie die definierten Kommunikations- und Vertriebsziele erreichen. Marken werden in Zukunft immer mehr auf Owned Social Channels setzen, um eine umfassende eigene Datenbasis zu schaffen. Der PCI wird ein großes Stück dazu beitragen, dass Marken in den Social Media mehr Menschen erreichen, Dialoge auf Augenhöhe führen und durch geschickte Taktiken ihre Vertriebsziele schaffen.

Ich habe keine Glaskugel, aber einen langjährigen Erfahrungsschatz, der die Grundlage für meist zutreffende Bewertungen ermöglicht. Das Kommunikationsverhalten der Menschen wird sich nicht so einfach ändern. Doch die Technologien werden sich verändern.

1.2 Definition und Merkmale des PCI

►Ein Permanent Corporate Influencer (PCI) ist ein fest angestellter Content Creator, der durch interpersonelle Mehrwertkommunikation eine Community in den Social Media aufbaut und an die Marke bindet.

1.2.1 Interpersonelle Kommunikation

Im Zentrum der Arbeit des PCI steht die Umsetzung der Kommunikationsprozesse in den Social Media aus der Perspektive, dass speziell ein Mensch der kommunizierende Sender ist. Diese interpersonelle Kommunikation ermöglicht es der Marke, zwischenmenschliche Beziehungen aufzubauen. Daneben nutzt er Content mit Mehrwertcharakter als strategisches Element. In der Folge und durch die mechanische Natur der Social Media, wird dies in einem Follow oder einer Interaktion resultieren. Die Kommunikationsstrategie des PCI beinhaltet die klare Positionierung und Zugehörigkeit zur Marke. Die Markenkommunikation durch den PCI ist kongruent, wodurch die Marke menschlich, nahbar und echt wirkt und die definierten Kommunikationsziele in den Social Media besser erreicht werden. Insgesamt übernimmt der PCI überwiegend die Rolle eines Moderators in den Social Media.

1.2.2 Mischfunktion im Unternehmen

Der PCI vereint bereits vorhandene Arbeitsbereiche aus der PR, dem Marketing und anderen Bereichen Ihres Unternehmens. Er übernimmt Teilaufgaben folgender Funktionen:

- **Corporate Influencer:** Corporate Influencer sind Mitarbeiter/innen, die durch die Kommunikation von Corporate Contents in eigenen oder in Unternehmenskanälen die Wahrnehmung der Marke erreichen und dadurch Reichweiten aufbauen.
- **Social-Media-Manager:** Social-Media-Manager verantworten die strategische Planung der Markenkommunikation in den Social Media. Sie sind für die strategische und operative Content- und Themenplanung verantwortlich; moderieren Beiträge, gehen auf Kommentare ein und beantworten Direktnachrichten in den Social Media.
- **Pressesprecher:** Pressesprecher sind Kontaktpersonen Ihrer Marke zur Presse und anderen Medien. Sie sind in der Regel Hauptansprechpartner für Journalisten und verantworten die Medienarbeit.

In kleinen und mittelständischen Unternehmen kann der PCI alle drei Bereiche vollständig umsetzen. In größeren Organisationen übernimmt der PCI Teilbereiche. Insgesamt ist die Aufgabendefinition von der Unternehmensgröße, den Ist-Beständen und den definierten Zielen abhängig und im Einzelfall zu bewerten. Mehr zur Aufgabenabgrenzung finden Sie in Abschn. 1.6.

1.2.3   Gesicht der Marke und Brand Fit

Der PCI identifiziert die Marke nach außen und gibt der Marke ein Gesicht. Dabei ist seine uneingeschränkte Authentizität das wichtigste Kriterium für eine erfolgreiche Markenkommunikation. Der PCI erhält den Zugang zum Empfänger über die Kommunikationstechnologie Social Media, die aufgrund ihrer Natur das mechanische Prinzip einer interpersonellen Kommunikation voraussetzt. Die Kommunikationsform steht immer im Einklang mit der Markenstrategie und der Positionierung der Marke (Brand Fit).

Ein PCI kommuniziert überwiegend in Bewegtbild-Formaten. Er schafft die Brücke zur „Offline-Welt" der Marke und ist bei Offline-Events verfügbar. Ein PCI kann die verschiedensten Kanäle und Medien innerhalb der Marken- und Mitarbeiterkommunikation bedienen (z. B. TV, Print, Website, Intranet Etc.). Er kann weiterhin in den Teilen der modernen HR unterstützend eingesetzt werden (z. B. Feelgood Manager).

1.3 Rollen

Ein PCI nimmt viele Rollen innerhalb Ihrer Organisation ein. Sein Einsatz ist immer von der Unternehmensgröße und den Anforderungen abhängig. Nachfolgend finden Sie verschiedene Rollen, die ein PCI ganz oder teilweise einnimmt.

* Kommunikator in den Social Media
  - Primärer und konstanter Sender der Contents
  - Umsetzen einer bidirektionalen Kommunikation
* Moderator in den Social Media
  - Monitoring der Interaktionen (Social Listening)
  - Führung und Lenkung von Dialogen
  - Durchführung und Moderation von Live-Formaten
  - Moderation von Contents mit Corporate Influencern, anderen Content Creators oder Protagonisten
* Kundenservice und Kundenbindung
  - Aufnahme und Beantwortung von Kundenanliegen (fachlich oder operativ)
  - Schnittstelle zu Kundendienstabteilungen
  - Umsetzung von Maßnahmen zur Kundenbindung
* Kontaktperson
  - Anfragen potenzieller Kooperationen, Partnerschaften oder Influencer Relations
  - Anfragen von Journalisten, der Presse und den Medien
  - Ansprechpartner für Mitarbeiter
* Verkäufer
  - Förderung und Umsetzung vertrieblicher Ziele
  - Anleitung für Interessenten und Kunden zu Kaufprozessen
* Feelgood Manager & HR
  - Ansprechpartner für Mitarbeiter/innen
  - Förderung der Loyalität und Identifizierung mit der Arbeitgebermarke
  - Unterstützung der Personalentwicklung und im Recruiting-Prozess
* Präsentator Offline
  - Moderator oder Act auf Messen und Unternehmens- und/oder Mitarbeiter-Events

Wir werden uns detailliert in Kap. 5 mit den Einsatzmöglichkeiten und der Umsetzung dieser Rollen beschäftigen.

Sie sehen, ein PCI ist vielseitig einsetzbar und trägt unterstützend in vielen Bereichen Ihres Unternehmens bei. Damit ist ein sehr effizientes und vielseitig einsetzbares Instrument zur Erreichung Ihrer Unternehmensziele.

1.4   Ziele

Die Aufgabe des PCI besteht primär in der Kommunikation in den Social Media. Hier stehen die definierten globalen Kommunikationsziele Ihrer Marke im Vordergrund. Die Zielsetzung des PCI wird individuell anhand der Markenpositionierung definiert. Nachfolgend finden Sie einige exemplarische Kommunikationsziele eines PCI. In Abschn. 2.2 befassen wir uns noch detaillierter mit diesen Zielen.

1. **Strategische Kommunikationsziele:** Strategische Kommunikation bezeichnet die mittel- bis langfristig angelegte Verhaltensweise innerhalb der Kommunikation und beschreibt, auf welche Art Ihre Unternehmensziele erreicht werden. Strategische Kommunikationsziele sind zum Beispiel der Aufbau von Vertrauen und Beziehungen zu Menschen innerhalb der Zielgruppe, die Verstärkung der Reputation oder der Beweis der Führerschaft in Sympathie oder Innovation (s. Tab. 1.1).
2. **Taktische Kommunikationsziele:** Taktische Kommunikationsziele sind konkrete Handlungen, die aufgrund der Kommunikation vom Empfänger vorgenommen werden sollen. Die Taktik ist dabei die konkrete Berechnung des Handelns des Empfängers. Das Instrument zur Auslösung der Handlung ist die Kommunikation, die auf die Auslösung dieser Handlung ausgerichtet ist. Taktische Kommunikationsziele können beispielsweise die Teilnehmergewinnung für Veranstaltungen, das Erzeugen von Likes, Shares oder von Kommentaren oder auch der Besuch auf Owned Channels sein (s.Tab. 1.1).
3. **Operative Kommunikationsziele:** Operativ bezeichnet „sofort wirksam", „bestimmte Maßnahmen betreffend" und bezieht sich in diesem Fall auf das operative Geschäft Ihrer Marke. Die operativen Kommunikationsziele zahlen auf Ihren Betriebszweck ein. Ein operatives Kommunikationsziel kann zum Beispiel Kostenreduktion sein (s. Tab. 1.1).

Businessziele: Ein Businessziel richtet sich immer auf die Erfüllung Ihrer betrieblichen Tätigkeit, den Betriebszweck. Ein Businessziel trägt zum zukünftigen Soll-Zustand Ihrer Marke bei. Ein Beispiel für ein Businessziel ist die Erhöhung des Abverkaufs (s. Tab. 1.1).

Tab. 1.1 Kommunikationsziele und ihre Funktion

Beschreibung	Ziel
Strategische Kommunikationsziele	Aufbau von Vertrauen und Beziehungen zu Menschen innerhalb der Zielgruppe Nachhaltiger Aufbau einer Community mit relevanten Followern innerhalb der Zielgruppe Markenführung Crowdsourcing Generierung von User Generated Content (UGC) Employer Branding Menschen inspirieren Kompetenzführerschaft beweisen Krisensicherheit Qualitätsführerschaft beweisen Preisführerschaft beweisen Reputation verstärken Serviceführerschaft beweisen Sympathieführerschaft beweisen Innovationsführerschaft beweisen Nutzer aktivieren
Taktische Kommunikationsziele	Teilnehmer generieren (z. B. für Live-Events, Messen, Veranstaltungen) Leads generieren Abonnenten oder Follower generieren Aufmerksamkeit Bekanntheit der Marke oder des Produkts erhöhen Einen Buzz erzeugen Feedback einholen Reaction, Like, Share, Save, Kommentar Markenwahrnehmung erreichen Sichtbarkeit erhöhen Besucher/Traffic auf Owned Channels erhöhen
Operative Kommunikationsziele	Interne Content-Prozesse optimieren Kosten reduzieren Synergien nutzen
Businessziele	Produktivität erhöhen Umsatz erhöhen Abverkauf erhöhen Kundenzufriedenheit erhöhen

Die einzelnen Kommunikations- und Business-ziele werden wir im Rahmen
der strategischen Content- und Themenplanung je Beitrag definieren. Weitere
Informationen finden Sie in Abschn. 5.7.

1.5   Aufgaben

Die Aufgaben des PCI liegen primär innerhalb des Social-Media-Marketings. In
Bezug zur Community-Größe, den Ist-Zuständen und zukünftigen Anforderungen werden die Aufgaben individuell bewertet und gestaltet. Ich empfehle als
Richtgröße folgende drei Kategorien (s. Tab. 1.2):
Bei der Community-Größe betrachten wir einen einzelnen Kanal. Hier werden nicht alle Follower aller Kanäle summiert. Ebenso wird nach der Stärke der
Nutzung der Kanäle unterschieden. Facebook hat eine geringere aktive Nutzung
als zum Beispiel Instagram oder TikTok. Bei stärker aktiv genutzten Netzwerken
halbieren wir die in Tab. 1.2 genannte Anzahl der Community-Größe.

1.5.1   Social-Media-Strategie

Ein PCI erarbeitet die integrierte Social-Media-Strategie der Marke (siehe Kap. 5).
Diese beinhaltet:

Tab. 1.2   Kategorien des PCI

Kategorie	Aufgaben	Externe Dienstleister	Community-Größe
1.	Strategie, Redaktions-/Content-Planung, Content-Produktion, Community Management, Social Listening, Reporting	Keine	0–50.000
2.	Redaktions-/Content-Planung, Content-Produktion, Community Management, Social Listening	Strategie, Reporting, Content-Produktion	50.000–500.000
3.	Redaktions-/Content-Planung (nur begleitend), Content-Produktion	Strategie, Redaktions-/Content-Planung, Community Management, Social Listening, Reporting	>500.000

- Positionierung
- Leitidee
- Entwicklung der Stories
- Definition der Buyer Personas
- Potenzialanalyse der Social-Media-Kanäle
- Definition der relevanten Kanäle
- Strategische Content- und Themenplanung

Ein PCI führt diese Planung selbst oder steuernd bzw. koordinierend mit externen Dienstleistern durch. Er berichtet dabei an die Marketing- oder Geschäftsleitung.

1.5.2 Community Management

Ein PCI der Kategorie 1 und 2 (siehe Tab. 1.2) überwacht die Interaktionen, insbesondere die Kommentare aller Kanäle. Hierzu zählen nicht nur die Social-MediaKanäle, sondern auch Owned Channels (z. B. Kommentare auf der eigenen Website oder in eigenen Foren und Wikis). Er moderiert die Beiträge, holt bei Bedarf erforderliche Informationen bei den zuständigen Abteilungen ein, greift das Feedback der Community in der Content- und Themenplanung auf und involviert die Community. Dieser Bereich kann auch vollständig von einem externen Dienstleister umgesetzt werden. Der PCI ist dann koordinierend und steuernd im First Level Support für das Community Management auf Unternehmensseite eingebunden.

1.5.3 Content-Produktion

Ein PCI der Kategorie 1 produziert seine Contents so weit wie möglich vollkommen eigenständig. Eine entsprechende technische Ausrüstung wird ihm zur Verfügung gestellt. Einem PCI der Kategorie 2 oder 3 wird eine Assistenz (z. B. Kamera- und/oder Ton-Assistenz), ein Redakteur oder Post Producer zur Verfügung gestellt.

1.6   Abgrenzung im Unternehmen

Der PCI ersetzt nicht die bestehenden Aufgaben artverwandter Tätigkeiten im Unternehmen. Vielmehr unterstützt und ergänzt er Aufgabenbereiche anderer Tätigkeitsfelder. Nachfolgend erhalten Sie eine Orientierungshilfe, welche Aufgabenfelder der PCI und die jeweiligen Fachabteilungen des Unternehmens belegen. Eine individuelle Ausgestaltung kann jederzeit vorgenommen werden. Hierbei spielen die Faktoren Unternehmensgröße, Communitygröße und Fachkenntnisse des PCI eine Rolle. So kann der PCI zum Beispiel bei entsprechender Fachkenntnis und ggf. Berufserfahrung im Bereich PR mehr Aufgaben der PR übernehmen, als in der Orientierungshilfe angegeben. In der Orientierungshilfe gehe ich von einem PCI mit Vorkenntnissen im Social-Media-Bereich aus.

1.6.1   Abgrenzung von der PR

Der PCI betreut eine wesentlich differenzierte Zielgruppe im Vergleich zur PR. Daher unterscheiden sich die Aufgaben und vor allem die Kommunikation des PCI im Vergleich zu einem Pressesprecher oder PR-Mitarbeiter. Die Kommunikation mit der Zielgruppe Journalisten erfordert eine umfassende fachliche Ausbildung in der PR und ist ein eigenständiges komplexes Tätigkeitsfeld.

Mit Sicherheit wird der PCI durch seine Kommunikation in den Social Media auch von Journalisten wahrgenommen und in die Berichterstattung einbezogen. Der PCI ist sich dessen immer bewusst. Die direkte Kommunikation mit Journalisten erfolgt jedoch immer über die PR-Abteilung des Unternehmens. Auch bei direkten Interviewanfragen von Journalisten an den PCI findet diese Berichterstattung immer unter Einbeziehung der PR statt. Ein Pressesprecher bleibt in seiner Funktion unberührt und positioniert sich als Gesicht der Marke für die Presse. Im Einzelfall begleitet der PCI die Pressearbeit und kann diese positiv unterstützen. Die detailliertere Abgrenzung der Aufgaben von PCI und PR ist in Tab. 1.3 dargestellt.

1.6.2   Abgrenzung vom klassischen Corporate Influencer

Der Corporate Influencer in der bisherigen „klassischen" Form wurde teilweise zur externen Kommunikation innerhalb verschiedener digitaler Kanäle eingesetzt. In einer niedrigen Veröffentlichungsfrequenz wird mit diesen Personen Content für die Marke produziert und veröffentlicht. Sehr oft nimmt dabei der klassische

Tab. 1.3 Abgrenzung der Aufgaben von der PR

Aufgabe	PR	PCI
Konzeption der Marke nach Identität & Image	Vollständig	–
Aufbau und Weiterentwicklung Corporate Identity	Vollständig	–
Kommunikation in den Social Media	Strategische und inhaltliche Vorbereitung bei Krisenthemen	Vollständig
Community Management	Formulierung von Stellungnahmen	Verfasser
Konzept und Produktion von Unternehmens- und Produkt-Präsentationen, Advertorials, Unternehmenstexten, Storybooks	Vollständig	Darstellende und moderierende Funktion
Krisenkommunikation	Strategische und inhaltliche Planung	Moderierende Funktion mit Pressesprecher oder Vorstand
Interne Unternehmenskommunikation	Strategische und inhaltliche Planung	Darstellende oder moderierende Funktion
Organisation und Durchführung von Events	Strategische und inhaltliche Planung	Darstellende oder moderierende Funktion
Interviews mit Journalisten	Strategische und inhaltliche Planung	Ggf. darstellende Funktion
Beantwortung von Presseanfragen	Strategische und inhaltliche Planung	Darstellende oder moderierende Funktion
Lobbying	Vollständig	–
Pressemeldungen	Vollständig	Ggf. darstellende Funktion

Corporate Influencer an einem Interview-Format teil und ist dabei der Interviewte. Eine weitere Eigenschaft des klassischen Corporate Influencers ist eine eigene Community, meist mit privatem Ursprung. In manchen Fällen bringt der klassische Corporate Influencer auch eine Business-Community aus seiner beruflichen Laufbahn mit.

Der PCI ist Begleiter des Corporate Influencers. Der PCI bezieht konstant den Corporate Influencer in seine Contents mit ein. Der PCI nutzt die Reichweiten des

Corporate Influencers für das Wachstum der PCI-Kanäle. Die Kernaufgabe des Corporate Influencers ist immer die fachliche Tätigkeit innerhalb einer Abteilung bzw. Einheit des Unternehmens. Ihm stehen nicht die Ressourcen zur ausschließlichen interpersonellen Kommunikation in den Social-Media-Kanälen der Marke zur Verfügung. Umgekehrt besitzt der PCI nicht die tiefgreifende Fachkenntnis über das Produkt oder die Marke wie ein Corporate Influencer. So ergänzen sich diese beiden Tätigkeitsfelder ideal.

Bei dieser Abgrenzung herrscht noch am meisten Unklarheit. Ich höre gelegentlich, dass der PCI doch der bisherige Corporate Influencer sei. Das sehe ich anders, denn der Corporate Influencer in seiner bisherigen Gestaltung kann aufgrund der niedrigen Frequenz und der meist nicht interpersonell gestalteten Kommunikation nicht dieselbe Vertrauensbasis schaffen wie ein PCI. Zur detaillierten Abgrenzung siehe Tab. 1.4.

Tab. 1.4 Abgrenzung der Aufgaben des PCI vom klassischen Corporate Influencer (CI)

Aufgabe	CI	PCI
Always-on-Kommunikation in den Social Media inkl. Strategie und Umsetzung	–	Vollständig
Konzeption und Umsetzung von fachlichen Beiträgen im Rahmen der Social-Media-Strategie	Vollständig	Moderierende Funktion
Community Management der Corporate Influencer Community	Vollständig in Kanälen den CI	Nur in eigenen Markenkanälen
Social-Media-Strategie	–	Vollständig
Content- und Themenplanung in den Social Media	Beratend in Teilen	Vollständig
Teilen von Beiträgen der Marke in den Social Media	Vollständig	–
Kommentieren von Beiträgen der Marke	In Abstimmung	Vollständig
Moderator von Fachforen (z. B. LinkedIn, Xing)	Vollständig	–

Tab. 1.5 Abgrenzung vom Social-Media-Manager (SMM) in Großunternehmen

Aufgabe	SMM	PCI
Social-Media-Strategie	Vollständig	–
Content- und Themenplanung	Vollständig	–
Community Management	Vollständig	Teilweise durch Content-Produktionen
Monitoring, Reporting	Vollständig	–
Content-Produktion	–	Vollständig
Influencer Relations	Vollständig	Teilweise

1.6.3 Abgrenzung vom Social-Media-Manager

Die geringste Abgrenzung des PCI erfolgt gegenüber dem Social-Media-Manager. Bei kleineren Unternehmen und geringer Verfügbarkeit von Ressourcen übernimmt der PCI vollständig die Aufgaben des Social-Media-Managers. Der PCI verfügt über dieselben Fachkenntnisse wie ein Social-Media-Manager, denn die Social-Media-Strategie ist Teil der DNA eines PCI.

In Großunternehmen und Konzernen werden die beiden Tätigkeitsbereiche abgegrenzt. Dort sind die Anforderungen an den Social-Media-Manager durch den Informationszufluss vieler Abteilungen und einer Vielzahl von jährlichen Kommunikationskampagnen so hoch, dass seine Ressourcen nicht mehr ausreichen, um die Aufgaben eines PCI zu erfüllen. In diesem Fall übernimmt der PCI die exekutiven Aufgaben in den Social Media (s. Tab. 1.5). Der PCI arbeitet dann in enger Abstimmung mit dem Social-Media-Manager.

1.6.4 Abgrenzung vom Media Management

Auch hier kommt es auf die Unternehmensgröße und die vorhandenen Ressourcen an, in wie weit der PCI von den Aufgaben des Media-Managers abgegrenzt wird. In kleineren Unternehmen beherrscht der PCI die Mechaniken von Paid Social und setzt diese eigenverantwortlich um. In anderen Fällen arbeitet hier ein eigenständiger Media-Manager oder externer Dienstleister an der Umsetzung der Media-Mechaniken. Die Disziplin Paid Media hat sich in den letzten Jahren zu einer sehr komplexen und eigenständigen Fachdisziplin entwickelt und erfordert umfassende Fachkenntnisse. Ich empfehle daher, diese Bereiche vom PCI abzugrenzen. Sie sind inhaltlich weit von den Kernanforderungen eines PCI entfernt.

1.7   Authentizität

Die Authentizität ist das Kapital des PCI. Das primäre Ziel eines PCI ist es, Vertrauen zu Menschen aufzubauen. Vertrauen entsteht durch zwischenmenschliche Kommunikation, Nähe, Augenhöhe, Ehrlichkeit, Transparenz und Offenheit. Authentisch sein bedeutet, echt zu sein. Echtheit im Sinne von „als Original befunden". Das primäre Ziel des PCI ist es, von den Nutzern der sozialen Netzwerke als authentisch wahrgenommen zu werden. Wenn das nicht gelingt, entsteht kein Vertrauen (kein Follow) oder die Menschen entfolgen („unfollow").

Vertrauensaufbau
Vertrauen beruht auf drei Faktoren (s. Abb. 1.2):

1. **Authentizität:** Der Nutzer hat das Gefühl, dass der PCI sein wahres Ich zeigt, dass er echt ist.
2. **Logik:** Der Nutzer ist von der Kompetenz des PCI überzeugt. Er kann sich auf seine Argumente und auf seine Urteilskraft verlassen.

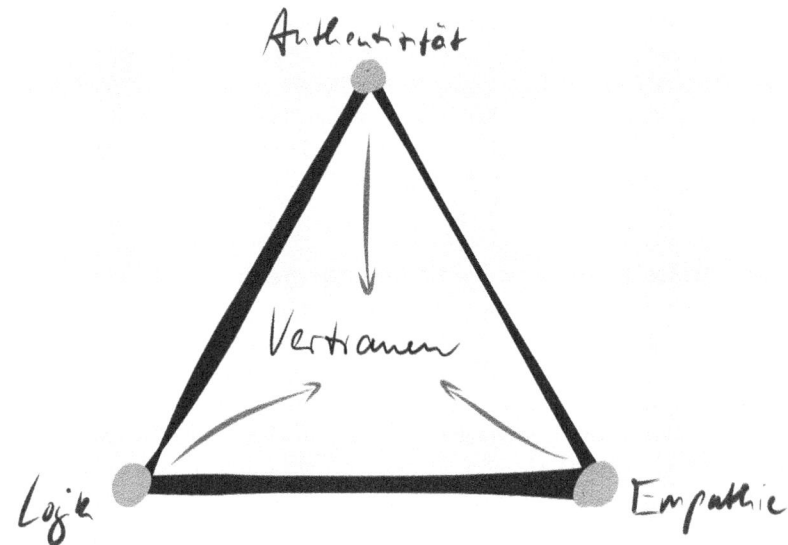

Abb. 1.2   Vertrauen

3. **Empathie:** Der Nutzer weiß, dass er mit dem PCI in den Dialog treten kann und der PCI ihn positiv verstärkt.

Nutzer der Social Media haben eine Abneigung gegenüber Werbung. Menschen möchten sich in sozialen Netzwerken mit ihren Freunden unterhalten und keine Versicherungen kaufen. Es besteht daher die Gefahr, dass der PCI durch die Veröffentlichung von Content mit zu werblichem Charakter an Authentizität verliert.

Deshalb ist es von hoher Bedeutung, dass die Contents des PCI in eine authentische Story integriert sind. In Kap. 5 werden wir uns detailliert mit diesem Thema beschäftigen.

1.8   Risiken

Es gibt einige Punkte zu beachten, um die Risiken für Sie als Arbeitgeber so weit wie möglich zu minimieren. Der PCI ist das Gesicht Ihrer Marke nach außen. Er steht im Namen Ihrer Marke in der Öffentlichkeit. Es handelt sich um einen Beruf mit hoher Verantwortung. Fehler des PCI haben Auswirkungen auf Ihr Marken-Image und auf Ihr Business. Für Sie als Marke erfordert das ein hohes Vertrauen in den Menschen PCI.

Sehen wir uns einige Risiken an, die die Beschäftigung eines PCI mit sich bringen kann. Später wir noch gezielter darauf eingehen, wie Sie diese Risiken minimieren und eliminieren können. Teilweise sind aber auch Kompromisse und eine Neuorientierung erforderlich, die diese neue Beschäftigungsform mit sich bringt. Ob diese Kompromisse für Sie möglich sind, können nur Sie entscheiden.

1.8.1   Bindung an eine Person

Sie binden Ihre Marke an eine Person, die nach einer gewissen Zeit nicht mehr so einfach austauschbar ist. Ihr Ziel ist es, den PCI so lange wie möglich zu beschäftigen. Hier spielen viele Faktoren für eine lange Mitarbeiterbindung eine Rolle. In einer Zeit, in der Menschen sich immer weniger lang an einen Arbeitgeber binden und in der Regel nach zwei Jahren den Arbeitgeber wechseln, ist das eine große Herausforderung. Hier wirken Faktoren wie ein ideales Arbeitsumfeld, eine ansprechende Vergütung und eine positive Beziehung zu den Vorgesetzten eine große Rolle. Nichtsdestotrotz entsteht für Sie eine Abhängigkeit vom PCI. Dieser Tatsache müssen Sie sich von Anfang an im bewusst sein.

1.8.2   Kündigung des PCI

Das wohl höchste Risiko besteht darin, dass der PCI nach langer erfolgreicher Tätigkeit das Unternehmen wieder verlässt. Dies kann auf mehreren Ursachen beruhen:

*   **Der PCI kündigt,** weil er sich beruflich in ein anderes Unternehmen verändern möchte.
*   Es gibt **Unstimmigkeiten oder Streit** zwischen Marke und PCI.
*   **Die Marke kündigt** das Beschäftigungsverhältnis.
*   Der PCI **verändert sich intern** und soll nachbesetzt werden.

Diese Eventualitäten werden wir von Beginn an beachten und berücksichtigen. Es ist erforderlich, die vertraglichen Regelungen mit dem PCI auf diese Risiken hin für die Marke zu optimieren. In Kap. 4 werden wir die rechtlichen Rahmenbedingungen hierfür treffen.

Eine Trennung vom PCI wird in der externen Kommunikation keinen Schaden für die Marke verursachen, wenn Sie einige Dinge beachten. Es ist von hoher Bedeutung, in der externen Kommunikation eine Transition von einem alten auf einen neuen PCI zu erreichen. Das ist grundsätzlich möglich, wenn der PCI zu einem reibungslosen Übergang bereit ist.

Im Streitfall mit dem PCI ist es immer schwierig, eine einvernehmliche Lösung zu finden. Dann ist die Aufrechterhaltung der externen Kommunikation durch den PCI nicht mehr möglich, weil der PCI im Regelfall mit sofortiger Wirkung freigestellt wird. Wenn der PCI plötzlich von der Bildfläche verschwindet, können negative Auswirkungen für die Marke entstehen. Im Worst Case führt das zu einigen Unfollows und zur Schädigung des Images der Marke.

Es besteht weiterhin die Gefahr, dass ein im Streit ausgeschiedener PCI eine negative Kommunikation über die Marke startet („üble Nachrede"). Dies erfordert eine schnelle juristische Reaktion der Marke. Auch für diesen Fall werden rechtliche Rahmenbedingungen mit dem PCI getroffen (s. Kap. 4).

1.8.3   Privatsphäre des PCI

Ein PCI, der bei einer großen Marke mit vielen hunderttausenden oder Millionen Followern im Einsatz ist, steht auch privat im Rampenlicht. Hier kann es zu Einschnitten in die Privatsphäre kommen. Der PCI wird im privaten Umfeld angefeindet oder vergöttert. Groupies stehen vor seiner Haustür oder erkennen ihn in der Fußgängerzone, was für einen PCI sehr belastend sein kann. Hier gilt es, von Beginn der Tätigkeit des PCI an rechtssichere Rahmenbedingungen zu schaffen. In Abschn. 5.10 schaffen wir die Voraussetzungen zum Schutz der Privatsphäre des PCI und bieten ihm auf diese Weise Unterstützung für ein sicheres Arbeitsumfeld.

1.8.4 Arbeitszeiten und Vergütung

Die Kommunikation in den Social Media ist gekennzeichnet durch einen hohen Echtzeit-Charakter und aktuelle Content-Produktion ohne Rücksicht auf herkömmliche Standard-Arbeitszeiten. Die Tätigkeit des PCI setzt ein von den gängigen Arbeitszeitregelungen losgelöstes Arbeitszeitmodell voraus. Hier ist Flexibilität sowohl auf PCI- wie auch auf Unternehmensseite angesagt. In Abschn. 4.3 finden Sie eine beispielhafte Regelung sowie Hinweise, wie Sie mit Ihrem Betriebsrat einvernehmliche Lösungen finden.

Da der PCI im Gegensatz zum freiberuflichen Content Creator eine hohe Verantwortung für das Unternehmen übernimmt, ist eine angemessene Vergütung zu bezahlen. Hier bauen wir auf ein festes Grundgehalt und eine leistungsbezogene Vergütung. In Abschn. 4.4 beschäftigen wir uns im Detail mit der Vergütung des PCI.

Literatur

Nielsen Report Verbraucher-Handel-Werbung (2017) https://www.nielsen.com/de/de/ins ights/report/2017/nielsen-consumers-2017/. Zugegriffen: 23. Nov. 2020

Die PCI-Strategie

2

Zusammenfassung

In diesem Kapitel beschäftigen wir uns mit der Social-Media-Strategie für Ihre Marke. Hierbei integrieren wir die Kommunikationstaktiken eines PCI. Die Social-Media-Strategie ist gleichzeitig die Basis für seine/ihre Aufgaben. Weiterhin definieren wir das Profil des PCI.◀

2.1 Social-Media-Strategie

Basis für Ihren Erfolg in den Social Media ist eine fundierte Social-Media-Strategie. Hierbei handelt es sich nicht um eine autarke Strategie. Vielmehr ist die Social-Media-Strategie aus Ihrer globalen Marketingstrategie abgeleitet. Sie unterstützt die Positionierung und die definierten Kommunikationsziele Ihrer Marke. Dieses Buch legt den inhaltlichen Fokus nicht auf Social-Media-Marketing, Kenntnisse über die Erstellung einer Social-Media-Strategie setze ich voraus. Bei Bedarf empfehle ich das Buch „Social-Media-Marketing kompakt" von Prof. Dr. Ralf T. Kreutzer (2018). Ich gehe an dieser Stelle nur kurz auf eine Social-Media-Strategie ein. In Kap. 5 sehen wir uns die konkreten strategischen und operativen Anforderungen in Bezug zum PCI noch genauer an. Sie werden dort viele Punkte und Synergien zu einer Social-Media-Strategie finden.

T. Klein, *Der neue Corporate Influencer,*
https://doi.org/10.1007/978-3-658-32374-5_2

21

2.1.1 Struktur der Strategie

Der erste Schritt ist eine klare Struktur und Gliederung Ihrer Strategie. Zunächst definieren wir die Grundstruktur und arbeiten dann die einzelnen Punkte aus. In der nachfolgenden Übersicht sind die die einzelnen Teilschritte chronologisch aufgeführt.

Schema einer Strategie

1. **Einleitung**
   - *Diese Strategie:* Allgemeiner Aufbau, allgemeine Infos zu Inhalt und Struktur
   - *Hintergründe:* Entwicklung Social-Media-Marketing, Entwicklung in der Kommunikation, Bedeutung Social-Media-Marketing
   - *Auswirkungen:* Auswirkung von Social Media auf die Marke und Märkte
   - *Der Autor:* Kurze Info über Sie, welche Tätigkeit/Abteilung, Wissenshintergründe
2. **Ist-Analyse**
   - *Social-Media-Nutzung:* Aktuelles Verhalten in Social Media, Anzahl Nutzer und Kanäle, Aufnahme des Ist-Zustandes
   - *Social Media im Wettbewerb:* Wettbewerbsanalyse in Bezug auf Social Media
   - *Marktstellung:* Stellung der Marke im Markt, Wahrnehmung der Marke, Bekanntheit
   - *Nutzerverhalten im Markt:* Informationen zur Zielgruppe und deren Verhalten in den Social Media
   - *Marketingaktivitäten:* Bisherige Aktivitäten und Ergebnisse im Marketing, bisherige Beobachtung bei durchgeführten Social-Media-Kampagnen oder Aktionen
   - *Positionierung:* Corporate Identity, Außendarstellung und Positionierung der Marke
   - *SWOT-Analyse:* Stärken der Marke, Schwächen der Marke, Chancen, Risiken
   - *Zielgruppen-Analyse:* Buyer Persona, Content- und Keyword-Analyse, Bedarfe der Zielgruppe
3. **Konkrete Strategie**

- *Auswahl der Kanäle:* Definition der Zielkanäle, Begründung, Verhalten in der Kommunikation je Kanal
- *Kampagnen:* Grobe Beschreibung von geplanten Kampagnen im Social Web
- *Crossmediale Integration:* Konzeption der Integration in bestehende und neue Kampagnen, Medien und Kanäle
- *Social Media Guideline:* Erklärung der Guideline, Anfertigung einer Social Media Guideline

4. **Ziele**
   - *Qualitative Ziele:* Positionierung der Marke im Social Web, Zielstellung Social Media der Marke, Positionierung des PCI
   - *Quantitative Ziele:* Anzahl Kanäle, Anzahl Nutzer, Anzahl Interaktionen, Anzahl Leads und Conversions, Reaktionszeit, personeller Aufwand

5. **Maßnahmen**
   - *Personelle Ressourcen:* Genaue Definition der personellen Ressourcen
   - *Organisation:* Organisation der personellen Ressource, Prozesse
   - *Kampagnen:* Detaillierte Konzeption geplanter Social Media Kampagnen
   - *Social Commerce:* Planung und detaillierte Beschreibung der Integration in alle Kanäle
   - *Strukturen und Prozesse:* Definition der Social-Media-Prozesse in den Unternehmensbereichen, Organisationsplanung
   - *Controlling:* Beschreibung, auf welche Art und Weise die Social-Media-Aktivitäten gemessen werden, welche Tools eingesetzt werden, welche zeitliche Abfolge
   - *Reporting:* Definition, was, wann, in welchem Intervall an wen berichtet wird

6. **Kostenrechnung**
   - *Kostenaufstellung:* Detaillierte Aufstellung aller messbaren und vorhersehbaren Kosten, langfristige ggf. stufenweise Budgetplanung
   - *Return on Marketing Investment (ROMI):* Äquivalenzrechnung Medienwertes, ROMI Berechnung

7. **Anhang**
   - *Quellen, Nachweise, Glossar, Links*

Die Herleitung
Binden Sie die epische und strategische Herleitung in Ihre Social-Media-Strategie
ein. Ich habe Ihnen dazu in Abschn. 1.1 einige Anregungen gegeben.

Social-Media-Marketing
Es ist die Schnittstelle zwischen Marketing und allen anderen Unternehmensbereichen. Mitte 2010 entstand das neue Berufsbild des Social-Media-Managers und
Social-Media-Officers, welcher heute ein etablierter Bestandteil einer jeden Marke-
tingabteilung ist. Die Auswirkungen von Social Media sind inzwischen von hoher
Bedeutung. Das Meinungsbild Ihrer Marke im Internet wirkt sich zwangsläufig
negativ oder positiv auf Ihre Unternehmensziele aus. Das gilt für alle Unternehmen,
egal ob klein oder groß, ob B2B oder B2C. Es geht in den Social Media immer um
den Menschen. Ich spreche über B2H – Business to Human. Der Mensch steht im
Mittelpunkt.
     Social-Media-Marketing ist ein großartiges Werkzeug, um den Dialog und das
Meinungsbild im Internet zu erkennen und bedingt zu beeinflussen. Social-Media-
Marketing bietet viele Chancen der Vermarktung und Optimierung Ihrer Produkte
und Dienstleistungen. Mit dem PCI als taktisches Werkzeug erreichen Sie Wahrnehmung und können Ihren Unternehmenserfolg langfristig sichern, stärken und
sogar neue Geschäftsmodelle umsetzen.

Das wahre Kapital: Daten
In Zukunft ist wird es immer wichtiger werden, Beziehungen zu Kunden aufzubauen
und zu pflegen. Eine echte Beziehung zu seinen Kunden hat, wer im Dialog auf
Augenhöhe mit ihnen steht und ihre Bedürfnisse und Interessen kennt.
     Das Unternehmenskapital der Zukunft sind Kundendaten. Auf diese Weise
können bedarfsgerechte Benefits und Mehrwerte platziert werden und eine hoch
individualisierte Kommunikation aufgebaut werden. Dadurch erreichen Sie Kundenbindung und Identifikation mit Ihrer Marke. Der PCI ist Ihr taktisches
Marketinginstrument, um solche eine personalisierte Kommunikation umzusetzen.

Eine Geschichte erzählen
Ihr Content ist das strategische Element zur Erreichung Ihrer Businessziele. Intern-
etnutzer wollen keine Slogans oder Werbebotschaften lesen, sondern Geschichten.
Der PCI erzählt eine Geschichte (Story) und befriedigt das Informationsbedürfnis
des Zielkunden im Kontext Ihrer Produkte (Mehrwertkommunikation).
     Mit einer Seeding-/Viral-Kampagne nutzen Sie die Möglichkeiten der schnellen
Verbreitung einer Botschaft in positivem Markenkontext in den sozialen Medien.
Wir planen vom Content aus hin zum Format und dem entsprechenden Kanal, nicht

umgekehrt. Anschließend platzieren und vermarkten (promoten) wir den Inhalt, um zusätzliche Reichweiten zu generieren.

User Generated Content vs. Owned Content
Die von Nutzern generierten Inhalte dominieren das Internet. Auf Owned Content hat die Marke uneingeschränkten Einfluss und übernimmt inhaltlich die vollständige Kontrolle. Anders sieht es bei Earned und User Generated Content aus. Dort erlangen wir nur bedingt Einfluss, nämlich.

* wenn wir den Inhalt überhaupt entdecken und kennen,
* wenn die Plattform einen Dialog zulässt und wir zu Meinungen Stellung beziehen können.

Eine effektive Planung und Umsetzung der Marketingarbeit setzt voraus, dass die Marke ihre Zielnutzer in ihre eigenen Kanäle zieht und bindet.

Google stuft die Kategorie User Generated Content als hoch relevant für Suchende ein. Demnach erscheinen von Usern erzeugte Inhalte immer auf den ersten Seiten des Suchergebnisses.

Ist-Analyse
Analysieren Sie den aktuellen Ist-Zustand Ihrer Marke in den Social Media und dem Zielmarkt. Oft können Sie bereits erarbeitete Analysen aus Ihrer Markenstrategie oder vom Produktmarketing übernehmen. In der Social-Media-Strategie beziehen Sie Ihre Analyse auf die sozialen Netzwerke.

Wettbewerb
Analysieren Sie Ihre Marktbegleiter. Betrachten Sie je Wettbewerber folgende Punkte:

* Welche Social Media werden genutzt?
* Wie groß ist die Community in den jeweiligen Netzwerken?
* Welche Themen und Contents werden veröffentlicht?
* In welcher Frequenz wird veröffentlicht?
* Welche Kommunikationsziele sind erkennbar?
* Was sind die Top-Themen bzw. Top-Beiträge?
* Wird Media eingesetzt?
* Gibt es einen PCI?

2.1.2   Die Strategie festlegen

Wählen Sie anhand der Nutzwertanalyse und der definierten Buyer Personas nun die für Sie relevanten Kanäle aus. In Abschn. 5.4 werden wir uns die einzelnen Kanäle genauer anschauen und hinsichtlich ihrer Relevanz bewerten.

Berücksichtigen Sie bei der Auswahl Ihrer Kanäle die vorhandenen personellen Ressourcen. Die Kommunikation mittels eines PCI erfordert primär die Unterstützung des Video-Formats. Dieses Format wird in fast allen Netzwerken akzeptiert und gilt bei den Nutzern als sehr beliebt.

Dokumentieren Sie die anstehenden und geplanten Kampagnen. Neue Produktveröffentlichungen oder Veränderungen im Unternehmen sind planbar und werden im Social Web verlängert. Hier stimmen Sie sich mit dem Produktmarketing ab. In der Regel gibt es für jede Kampagne ein gesondertes Kampagnenkonzept. In diesem Fall reicht es, wenn Sie die bevorstehenden Kampagnen hier grob skizzieren. Planen Sie ebenfalls die crossmediale Integration Ihrer Social-Media-Kampagnen.

Planen Sie, welche Medien und Kanäle abseits der Social Media mit welcher Botschaft bestückt werden. Ich empfehle, die Medien abseits der sozialen Netzwerke als Trigger zum Klick in Ihre Online-Medien zu nutzen. Führen Sie dort die Nutzer in Ihren individuellen Funnel.

Ergänzen Sie anschließend Ihre Social Media Guideline. Sie zeigt Mitarbeitern und Nutzern die Spielregeln zur Kommunikation in Ihrem Kanal.

Prozesse und Organisation
In Tab. 2.1 finden Sie einige Beispiele, wie Social Media in einzelnen Unternehmensbereichen eingebunden werden können:

Aufgabe
Planen Sie in dieser Aufgabe, in welchen Bereichen Sie Social Media in Ihrem Unternehmen nutzen werden. Die Planung ermöglicht Ihnen später die ideale Integration von Social Media und ist Basis für die Planung von Marketing-Kampagnen und für die Definition neuer Unternehmensprozesse.
* Erstellen Sie eine Liste mit allen Abteilungen/Bereichen Ihres Unternehmens.
* Erfassen Sie den Beitrag der Abteilung an der Wertschöpfungskette (Ziele und Aufgaben).

Tab. 2.1 Beispiele für den Einsatz von Social Media in Unternehmensbereichen

Unternehmensbereich	Ziele	Aufgaben	Wirkung
Vertrieb	Verkaufsförderung	Neue Zielgruppen erreichen, Verkauf/Lead, Adressgenerierung, Messekontakte	Innovationsführer, gutes Preis-/ Leistungsverhältnis, guter Service, transparent
Kundenservice	Kundenbindung/CRM	Anliegen der Kunden bearbeiten, Beziehung zu Kunden vertiefen, Kunden positiv an die Marke binden	Freundlich, persönlich, fair
Forschung & Entwicklung	Produktinnovation	Verbesserungswesen in den Social Media ansiedeln, Erfahrungsberichte direkter Produktanwender einholen, Crowdsourcing	Innovativ, marktorientiert
Geschäftsführung	Umsatz und Unternehmen langfristig sichern	Umsetzung von Social Media initiieren und als „Chefsache" vorantreiben, Legitimationen schaffen	Greifbar, nah, freundlich, sicher, authentisch
Personalabteilung	Recruitment	Neue Mitarbeiter rekrutieren	Menschlich, fair, Freude bei der Arbeit, sicher

- Legen Sie fest, wie sich dieser Unternehmensbereich in der öffentlichen Kommunikation positionieren wird.
- Definieren Sie je Abteilung, ob und welche Art von Interaktion durch die Integration von Social Media die Zielerreichung der Abteilung ergänzt und verbessert wird.
- Treffen Sie so konkrete Aussagen wie möglich, nennen Sie den Kanal und die konkrete Aktion.

- Notieren Sie Ihre Überlegungen in einer Tabelle (die Einträge unten sind Beispiele).

Abteilung/Bereich	Wertschöpfung	Ziel Unternehmen	Integration SM
Kundenservice	Kunden beraten und bedienen, Wenig Kündigungen Kunden binden	Bestandskundenpflege	Facebook-Seite als Service-Dialog-Kanal Unterhaltung, Tipps & Tricks
Forschung & Entwicklung	Innovative Produkte entwickeln	Bedarf der Kunden bzw. des Marktes einbeziehen	Blog mit neuen Produktideen/-innovationen einrichten

In dieser Übersicht bilden Sie die Wertschöpfungskette Ihrer Marke ab und können die Abhängigkeiten und die Integration von Social-Media-Marketing über alle Bereiche hinweg erkennen.
Finalisieren Sie anschließend Ihre gesamte Social-Media-Strategie.

2.2   Kommunikationsziele des PCI

Wie bereits definiert, leiten wir die Kommunikationsziele aus der Markenstrategie und -positionierung ab (s. Tab. 2.2). Wir werden in diesem Kapitel anhand einiger Beispiele die Kommunikationsziele des PCI definieren. Daraus leiten wir das sehr individuelle Anforderungsprofil an Ihren PCI ab.

Beispiel

Die Firma Lecker & Co. ist Hersteller eines hochwertigen veganen Brotaufstrichs mit rein natürlichen pflanzlichen Inhaltsstoffen. Die Marke Lecker & Co. positioniert sich als Qualitätsführer. Die Lecker GmbH definiert die grundlegenden Kommunikationsziele (Meta-Ebene) des PCI wie folgt:

- **Strategisches Ziel:** Aufbau einer Community mit relevanten Follower und Qualitätsführerschaft.

Tab. 2.2 Kommunikationsziele des PCI

Beschreibung	Ziel
Strategische *Kommunikationsziele*	Aufbau von Beziehungen zu Menschen in der Zielgruppe
	Aufbau einer Community mit relevanten Follower innerhalb der Zielgruppe
	Crowdsourcing
	Produktion von User Generated Content (UGC)
	Employer Branding
	Menschen Inspirieren
	Kompetenzführer sein
	Krisensicherheit
	Markenführung
	Influencer aktivieren
	Qualitätsführer sein
	Preisführer sein
	Reputation
	Serviceführer sein
	Sympathieführer sein
	Innovationsführer sein
	Nutzer aktivieren
	Vertrauen
Taktische *Kommunikationsziele*	Teilnehmer
	Leads
	Abonnent
	Follower/Fan
	Aufmerksamkeit
	Backlinks
	Bekanntheit
	Buzz
	Feedback
	Like
	Share
	Kommentar
	Reaction
	Markenwahrnehmung
	Ranking/SEO
	Sichtbarkeit
	Social Signals
	Besucher/Traffic

(Fortsetzung)

Tab. 2.2 (Fortsetzung)

Beschreibung	Ziel
Operative Kommunikationsziele	Content Prozesse optimieren Kosten reduzieren Synergien nutzen Zufriedenheit interne Abteilungen
Businessziele	Innovation Produktivität erhöhen Steigerung Sales Umsatz erhöhen Leads generieren Kundenzufriedenheit erhöhen Empfehlungen Bestandskunden aktivieren Neukunden generieren Neue Geschäftspartner generieren Support Überzeugen Mitarbeiter binden Mitarbeiterzufriedenheit erhöhen Neue Mitarbeiter generieren Identifikation mit der Marke Kosteneffizient erhöhen

- **Taktisches Ziel:** Die taktischen Kommunikationsziele werden innerhalb der Content- und Themenplanung definiert. Als globales taktisches Kommunikationsziel wird die Generierung von Follower festgelegt.
- **Businessziele:** Die Businessziele des PCI sind die Erhöhung der Marken- und Produktwahrnehmung und die Erhöhung der Produktverkäufe.◄

Aufgabe
Definieren Sie die globalen Kommunikationsziele Ihres PCI.

2.3 Kommunikationsformen und Formate

Der PCI ist vor der Kamera zu Hause. Um das Ziel „Vertrauensaufbau" zu erreichen, setzt der PCI überwiegend multimediale Videoformate ein. Er kann auf
diese Weise viele Wahrnehmungskanäle des Zuschauers nutzen und wird visuell
wie auch auditiv wahrgenommen. Mit diesem Format erhält der Zuschauer den
Eindruck, dass ein Mensch direkt zu ihm spricht. Es entsteht mehr virtuelle Nähe
als zum Beispiel beim Einsatz eines starren Bildmotivs.

In den Social Media eignen sich die in Tab. 2.3 genannten Formate perfekt für
die PCI-Kommunikation. Der PCI nutzt diese gemäß den aufgeführten Prioritäten.

Die Halbwertzeit von Content und die Aufmerksamkeitsdauer in den Social
Media ist sehr gering. Dies liegt zum einen an der Vielzahl an Informationen, die auf die Nutzer im Feed einbrechen. Gleichzeitig muss der Nutzer

Tab. 2.3 Geeignete Formate der PCI-Kommunikation

Netzwerk	Format	Priorität
Facebook	Feed-Post Video	2
	Story	1
	Feed-Post Foto	3
	Live-Event	1
Instagram	Story	1
	Reel	1
	IGTV Video	2
	Feed Video	2
	Feed Post Foto	3
	Live	1
TikTok	Post	1
Twitter	Tweet Text oder Foto	2
	Tweet Video	1
Pinterest	Video Pin	1
Xing	Feed-Post Video	1
LinkedIn	Feed-Post Video	1
YouTube	Video	1
	Story	1

seine Feed-Contents innerhalb weniger Sekunden nach seiner persönlichen Relevanz einsortieren. Der PCI ist sich dessen stets bewusst und nutzt daher seine Content-Formate entsprechend dieser Voraussetzungen.

Story-Formate
In Story-Formaten handelt es sich in der Regel um einzelne Snippets mit maximal 15 s Spielzeit. Die Kürze dieses Formates zeigt schon, dass es nicht für die Kommunikation umfassender Inhalte eignet ist. Es ist jedoch das beliebteste Format in den großen sozialen Netzwerken und generiert dadurch die höchsten Reichweiten.
Der PCI produziert in diesem Format etwa vier Story-Snippets an einem Veröffentlichungszeitpunkt. Er nutzt sie zum Beispiel für:

• Kurzes „Hallo" am Morgen zur Begrüßung der Nutzer
• Zwischen-Feedback im Laufe des Tages zu einer Aktivität (z. B. Mittagessen, was gerade passiert ist, News, Feierabend)
• Teaser für längere Inhalte wie z. B. Feed-Post, IGTV- oder YouTube-Video
• Einholung von Feedback und Interaktion mittels Umfrage-Elementen

Der PCI veröffentlicht pro Tag mindestens zehn Story-Snippets.

▶   **Wichtig:** Auch bei spontanen Story-Produktionen achtet der PCI darauf, dass im Video keine sensiblen und schutzfähigen Unternehmensdaten veröffentlicht werden. Das können zum Beispiel Schreiben auf Schreibtischen sein, Pinboards an einer Wand oder Post-It's an Monitoren. Der Wettbewerb schaut mit Adleraugen zu!

2.4 Positionierung und Leitidee

2.4.1 Positionierung und bisherige Marketingaktivitäten

Dokumentieren Sie in Ihrer Social-Media-Strategie die Werte Ihrer Marke und die globale Marken-Positionierung. Die Positionierung ist die Definition des Terrains, welches Sie (Ihre Marke) im Bewusstsein bestehender und potenzieller Kunden einnehmen oder einnehmen wollen.
Beispiele für eine Positionierung sind:

• Kompetenzführerschaft

- Qualitätsführerschaft
- Innovationsführerschaft
- Preisführerschaft
- Sympathieführerschaft

Die Positionierung Ihrer Marke können Sie in der Regel von der Markenstrategie übernehmen oder ableiten, sie ist für die Anforderungen an den PCI und seine Auswahl von hoher Bedeutung. Der PCI wird immer im Einklang mit den Marken-Leitlinien kommunizieren. Auch bei der Selektion des PCI werden wir auf einen hohen Brand Fit achten.

Die Dokumentation der bisherigen Marketingaktivitäten, insbesondere in den Social Media, stellt eine Vergleichbarkeit zu den Ergebnissen der PCI-Kommunikation her. Nehmen Sie hier alle Kampagnen auf und notieren Sie die detaillierten Ergebnisse der Maßnahmen in den Social Media. Achten Sie darauf, dass alle Formate sowie deren Botschaft und die relevanten KPIs je Format aufgeführt sind:

- Reichweite (organisch)
- Engagement Rate (gerechnet an der Reichweite)
- Follower-Entwicklung
- Zuschaubindung bei Video-Content
- Interaktionsarten (quantitativ)

SWOT-Analyse

Ergänzen Sie anschließend Ihre Ist-Analyse um eine SWOT-Analyse. SWOT ist ein englisches Akronym für Strengths (Stärken), Weaknesses (Schwächen), Opportunities (Chancen) und Threats (Risiken). Chancen sind Möglichkeiten, durch neue oder optimierte Kommunikation vorhandene oder neue Kunden zu generieren oder Bestandskunden zu halten. Diese Chancen können durch die Kommunikationsmaßnahmen von Wettbewerbern oder durch Veränderungen im Markt gefährdet sein (Risiken). Sobald die Risiken aus Sicht der Verantwortlichen zu groß werden, sind geeignete Maßnahmen einzuleiten. Die Auswahl der Aktionen richtet sich nach der Einschätzung der eigenen Stärken und Schwächen (im Vergleich zum Wettbewerb) durch die Entscheidungsträger. Beziehen Sie Ihre SWOT-Analyse auf die Kommunikation in den Social Media.

2.4.2 Leitidee

Viele Marken haben bereits eine Leitidee entwickelt. Sie kommunizieren diese in
Form eines Claims.

Beispiele

Deutsche Bahn: Diese Zeit gehört Dir
BMW: Freude am Fahren
Audi: Vorsprung durch Technik◄

Eine Leitidee ist Ihr konzeptioneller Ansatz. Die Leitidee ist immer sehr kurz
und verständlich formuliert. Sie fokussiert sich auf Ihre wirklich relevanten Ziele
und enthält die Kerninhalte Ihrer Positionierung und Strategie. Die Leitidee ist
die Basis der Story des PCI. Es gilt, diese Leitidee mit dem PCI immer wieder
unter Beweis zu stellen. Sie hat Konsistenz, bietet viel Input für immer wie-
derkehrende Geschichten und erleichtert dem PCI die strategische Content- und
Themenplanung.

Sollten Sie noch keine Leitidee entwickelt haben, so entwickeln Sie diese jetzt!

2.5 Zielgruppendefinition

Die Zielgruppendefinition ist ein wichtiger Teil der PCI-Strategie. In dieser Sek-
tion definieren wir die globalen Zielgruppen der Marke oder bei Kampagnen
die Zielgruppen des Produkts bzw. der Dienstleistung. Diese Analyse nutzen wir
später zur Definition der Buyer Personas für die Kommunikationsplanung (siehe
Abschn. 5.2).

Unter einer Zielgruppe versteht man im Marketing eine bestimmte Menge
von Marktteilnehmern, die auf kommunikationspolitische Maßnahmen homoge-
ner reagieren als der Gesamtmarkt. Die Grundlage zur Zielgruppenfindung nach
jeweils relevanten Merkmalen ist die Marktsegmentierung.

Nutzen Sie hier bereits vorhandene Definitionen aus den Abteilungen Produkt-
/Brand-Management, Vertrieb, Marketing oder HR. Sind die Zielgruppen noch
nicht klar definiert, dann tun Sie das jetzt. So erarbeiten Sie jetzt diesen Teil der
Strategie.

In sechs Schritten zur Zielgruppendefinition

1. Definieren Sie die soziodemografischen Merkmale Ihrer Zielgruppe:
   - Alter
   - Familienstand
   - Haushaltseinkommen
   - Wohnort/Land
   - Bildungsstand
2. Ergänzen Sie die Informationen um die psychografischen Merkmale Ihrer Zielgruppe:
   - Einstellung
   - Werte
   - Konsumverhalten
   - Vorlieben
   - Statusbewusstsein
   - Ästhetisches Empfinden
   - Stärken und Schwächen
   - Wünsche
3. In B2B-Märkten sind weitere Informationen zur Zielgruppe zu ergänzen:
   - Unternehmensgrößen
   - Standorte
   - Marktanteile
   - Ökonomische Daten
   - Charakteristik der Entscheidungsträger
4. Sammeln Sie über statistische Daten Informationen zur Größe Ihres Marktes und der Zielgruppe.
   - Verwenden Sie hierfür die zahlreichen Portale im Internet.
   - Nutzen Sie folgende Links: www.statista.com, https://www.destatis. de/DE/Home/_inhalt.html
5. Definieren Sie anschließend das digitale Nutzungsverhalten Ihrer Zielgruppen. Beantworten Sie dabei folgende Fragen:
   - Wie sieht der Informationskonsum über digitale Kanäle aus?
   - Wie ist das Informationsverhalten?
   - Welche Themen sind relevant?
   - Welche digitalen Kanäle, insbesondere Social-Media-Kanäle werden genutzt?
   - In welcher Frequenz werden Social-Media-Kanäle genutzt?
6. Dokumentieren Sie Ihre Analyse mit allen Quellenangaben.

2.6   Qualitative und quantitative Zielsetzung

2.6.1   Qualitative Zielsetzung

Die qualitative Zielsetzung zeigt Ihre Ziele zur Erreichung und Verbesserung von Qualitätsmerkmalen in Bezug auf Ihre Marke, Ihr Produkt oder Ihre Dienstleistung. Die Erreichung qualitativer Ziele wirkt positiv auf Ihre Wertschöpfungskette. Definieren Sie anhand Ihrer Markenpositionierung, welche qualitativen Ziele Sie in den Social Media verfolgen. Beantworten Sie dabei folgende Fragen:

• Welche Werte verfolgt Ihre Marke?
• Sind es hervorragender Service und hohe Qualität?
• Ist es eine fröhliche Lässigkeit?
• Wollen Sie seriös und zuverlässig wirken?
• Möchten Sie als hoch innovativ wahrgenommen werden?
• Steht eine hohe Kompetenz im Vordergrund?

Bedenken Sie, dass im Social Web alles transparent wird – ob Sie es wollen oder nicht. Seriosität wurde in der Vergangenheit auf Owned Channels durch Verschlossenheit und zurückhaltende Emotionen kommuniziert. Der Auftritt erfolgte mit Schlips und Anzug. In den Social Media ist der Umgang jedoch durch direkten Dialog, Offenheit und saloppe Sprachkultur geprägt. Prüfen Sie daher genau, ob eine Krawatte erforderlich ist. Die Seriosität und Kompetenz Ihrer Marke muss dadurch nicht leiden.

Beispiel

Ein IT-Unternehmen, das Hosting-Dienstleistungen für Finanzdienstleister anbietet, hat als Zielstellung der Kommunikation Sicherheit, Seriosität und Kompetenz definiert. Im Social Web veröffentlicht das Unternehmen eine Video-Serie „IT Inside". In wöchentlichen Videos besucht der PCI Mitarbeiter aus der Technik. Er interviewt diese Menschen und zeigt auf authentische Art und Weise Ihren Arbeitsbereich. Die Mitarbeiter erklären dabei ihre Qualitätsansprüche und bringen ihre hohe Kompetenz zum Ausdruck. Dadurch zeigt die Kommunikation authentisch die Menschen hinter der Marke. Die Kommunikation erfolgt auf Augenhöhe, sie stärkt das Vertrauen in die Marke.◄

Je nach Zielstellung Ihrer Markenpositionierung sollten Sie Ihre Ziele im Social Web verlängern und fortführen. Sie müssen das Rad nicht neu erfinden. Bieten Sie Ihren Kunden einen weiteren Kommunikationskanal. Die Deutsche Telekom hat das sehr innovativ umgesetzt. Unter „Telekom hilft" findet man auf Facebook und Twitter ein kompetentes Team, das sich sehr schnell um die Anliegen der Kunden kümmert. Bei der qualitativen Zielstellung der Telekom stand die Wahrnehmung als Serviceführer im Vordergrund.

► **Positionierung des PCI:** Die qualitative Zielsetzung innerhalb Ihrer Social-Media-Strategie, ist das Leitbild für den PCI. Innerhalb seiner Kommunikationsmaßnahmen wird er immer auf die Erreichung dieser qualitativen Ziele hinarbeiten. Dies betrifft seine Contents (inhaltlich), sein Auftreten und seine Botschaften.

2.6.2 Quantitative Zielsetzung

Eine quantitative Zielsetzung drückt Ihre Ziele in harten Zahlen aus. Hier definieren Sie, wie die Anzahl der Ergebnisse am Ende des Bemessungszeitraums aussehen soll. Legen Sie hier die relevanten KPIs in Verbindung zu Ihrer qualitativen Zielstellung fest.

Bilden Sie mehrere Teilschritte und Teilziele. Bilden Sie bei Bedarf einzelne Phasen mit unterschiedlicher Zielstellung. Beispielsweise ist es sinnvoll, bei einer Markteinführung eines neuen Produkts in der ersten Kommunikationsphase Awareness-Ziele zu setzen. In diesem Fall stehen dann Wahrnehmungs-KPIs wie Reach, Impressions und View-Rates im Vordergrund.

Für eine realistische quantitative Zielsetzung analysieren Sie Ihren Markt und Ihre Marktbegleiter. Die quantitative Zielsetzung ist weiterhin von folgenden Faktoren abhängig:

- Anzahl der zu erschließenden Kanäle
- Marktanteil und Bekanntheit im Markt
- Nutzungsverhalten der Zielgruppe
- Kommunikationsphasen
- Personelle Ressourcen
- Externe Ressourcen
- Vorhandenes Media-Budget
- Umfang PCI-Ressource

- Bisherige Erfahrungswerte
- Anzahl Wettbewerb und Aktivität

Wenn Sie einen neuen Social-Media-Kanal bei null Followern starten, stellen Sie eine vereinfachte Rechnung anhand der Anzahl der Nutzer von sozialen Netzwerken in Bezug zu Ihren potenziellen und vorhandenen Kunden an. Dabei nutzen Sie allgemeine Erfahrungswerte zur Interaktion in sozialen Netzwerken.

Ich habe für ein Unternehmen im Logistikbereich innerhalb von zwei Jahren 40 % der potenziellen Facebook-Nutzer als Follower generiert. Dabei habe ich fast keinen Invest in Facebook-Anzeigen getätigt. Setzen Sie ein niedriges Ziel an und nutzen Sie Facebook Ads, welche die Zielerreichung beschleunigen und begünstigen. Hier ein Beispiel:

Beispiel

Facebook:
Die Firma Blümchen GmbH produziert und vertreibt bundesweit Behandlungsliegen für Massagepraxen und Wellnessbetriebe. Zielgruppe sind direkte Kunden (B2B) und Endnutzer (B2C), also Konsumenten, die Massagen in Anspruch nehmen.

- **Zielgruppe:**
  - *Potenzielle Kunden:*
    - Anzahl Massagebetriebe: 25.000
    - Verwandte Zielbetriebe: 5000
    - Beschäftigte in diesen Branchen: 100.000
    - Zwischensumme: 100.000

  - *Potenzielle Endnutzer:*
    - Kunden Massagebetriebe: 40.000.000
    - Kunden andere Branchen: 5.000.000

- **Zwischensumme:** 45.000.000
  - *Zulieferer:*
    - Relevante Mitarbeiter: 1000
    - *Summe:45.101.000*

- **Erste Potenzialanalyse:**
  - Internetnutzer DE: 62.900.000 (Statista 2020a)

- Anzahl Facebook-Nutzer DE: 32.400.000 (Statista 2020b)
- Anteil Facebook-Nutzer an Internetnutzer $= 51,5$ %
- Anteil Internetnutzer an Zielgruppe[1]: 95 % ($= 42.845.950$)
- Davon Anzahl Facebook-Nutzer: $42.845.950 \times 51,5$ % $= 22.065.664$
  Facebook-Nutzer

Jetzt entscheiden die Bekanntheit der Marke und die mögliche Sichtbarkeit über die potenzielle Reichweite auf Facebook. Bei wie vielen Nutzern der oben genannten Gruppen ist Ihre Marke bekannt? Liegen Ihnen keine belegten Zahlen vor, schätzen Sie einen Wert oder beauftragen Sie eine Umfrage bei einem Marktforschungsinstitut.

Nehmen wir in unserem Beispiel an, von der Facebook-Nutzerzahl in Höhe von 22.065.664 ist die Marke 150.000 Menschen bekannt. Das entspricht 0,7 %. Jetzt entscheiden die Sichtbarkeit auf Facebook, das Nutzerverhalten und die eigenen Social-Media-Aktivitäten, wie schnell Sie 150.000 Menschen als Follower Ihrer Facebook-Seite generieren. Die Followerzahl steigt mit steigender Gesamtzahl der Follower exponentiell an. Verfeinern Sie diese Rechnung nun nach Kanal und Altersgruppe. Analysieren Sie das Nutzerverhalten innerhalb der einzelnen Altersgruppen. Berücksichtigen Sie die personelle Ressource Ihres PCI bei der Berechnung Ihrer Ziele.

Folgende Quellen helfen Ihnen bei der Zahlenfindung:

- Nutzerzahlen Internet: https://de.statista.com
- Nutzerzahlen Instagram & Facebook: www.allfacebook.de ◄

Beeinflussung durch den PCI

Durch den Einsatz eines PCI werden Sie höhere Wahrnehmungsziele erreichen, als Sie das bisher kennen. Die organischen Reichweiten und View Rates werden steigen. Auch die Anzahl der Interaktionen und die Interaktionsraten werden sich durch die konstante Kommunikation eines PCI erhöhen. Wenn Sie bisher noch keinen PCI im Einsatz hatten, setzen Sie die quantitativen Ziele auf ein Niveau Ihres Erfahrungswertes ohne PCI. So können Sie die Steigerungsraten durch einen PCI-Einsatz später optimal nachvollziehen.

---

[1] Beispielhafte Schätzung anhand des Beispiels, berechnet an einer hypothetischen Zielgruppe.

2.7   PCI und Brand Fit

Im Rahmen der Markenführung wollen wir einen hohen Wiederkennungswert der Marke bei der Zielgruppe erreichen. Ein großer Teil trägt dazu bei, wenn die Zielperson charakteristische Eigenschaften mit der Marke verbindet. Dieses Merkmal verstärken wir durch den Einsatz eines PCI. Demnach muss der PCI uneingeschränkt zur Marke passen. Diese Bewertung ist sehr subjektiv anzustellen. Ein perfekter Brand Fit ist jedoch eine wichtige Grundvoraussetzung für den Erfolg aller Kommunikationsmaßnahmen. Ich vergleiche den Charakter eines PCI mit Ihrem Markencharakter. Insgesamt muss die Zielgruppe Ihre Marke (den PCI) von den Marken Ihrer Wettbewerber klar abgrenzen. Wie das Wort schon sagt: Es erfordert „Charakter" im Sinne von Charakter im Einklang mit Ihrer Marke.

Eine charakterliche Bewertung ist subjektiv und kann in keine Form gegossen werden. Ich gebe Ihnen hier daher keine Standardlösung zur Hand. Vielmehr werde ich versuchen, Ihnen ein Verständnis zur Beurteilung der Anforderungen für Ihren PCI anhand von Beispielen zu geben.

2.8   Kompetenzen des PCI

2.8.1   Fähigkeiten und Fertigkeiten des PCI

Die kognitiven Fähigkeiten und Fertigkeiten des PCI bilden seine persönliche Kompetenz. Sie gestalten das äußere Bild beim Empfänger. Als Kommunikator in den Social Media mit vielen Live-Formaten sind eine schnelle Auffassungsgabe, Interpretation im Kontext der Marke und Schlagfertigkeit erforderlich. Dabei ist eine hohe Authentizität in der Kommunikation von großer Bedeutung. Diese Eigenschaften sind bereits in einem ersten Gespräch mit dem PCI sowie bei ersten Tests vor laufender Kamera oder mit Publikum erkennbar. Die persönliche Kompetenz ist die Basis, um eine Tätigkeit als PCI überhaupt ausführen zu können. Die fachliche Kompetenz bleibt bei dieser Bewertung erst einmal außen vor. Diese betrachten und bewerten wir gesondert. In Abschn. 3.2 werden wir die individuellen persönlichen Anforderungen an den PCI definieren.

Kann der PCI den DAX-Kurs beeinflussen?
Wird ein PCI in Konzernen eingesetzt, besteht gerade in Krisensituationen die Gefahr, dass der PCI die Konzernkommunikation beeinflusst. Fehler in der Kommunikation des PCI können zu einer Verunsicherung der Anleger führen. In diesem Fall ist es wichtig, den PCI entsprechend zu sensibilisieren. Konzernrelevante Themen

wird der PCI daher immer in moderierender Funktion mit einem Konzernsprecher oder dem Vorstand umsetzen.

2.8.2 Interessen und Erscheinungsbild des PCI

Bei Ihrem PCI muss grundsätzlich ein allgemeines Interesse zum Markenumfeld Ihrer Produkte oder Ihren Dienstleistungen bestehen. Im Idealfall bringt er bereits Berufserfahrung in Ihrer Branche mit. Dies erleichtert die fachliche Einarbeitung um ein Vielfaches. Ein fachliches Interesse des PCI trägt in jedem Fall zu einer authentischen und professionellen Kommunikation bei.

Das äußere Erscheinungsbild des PCI muss im Einklang mit der Marke stehen. Wie bereits erwähnt, ist das Umfeld der Kommunikation in den Social Media eher locker und ungezwungen. Ich empfehle, sich diesem Erscheinungsbild anzupassen.

2.8.3 Sprache des PCI

Im Rahmen Ihrer Social-Media-Strategie haben Sie die Zielsprache der primären Kanäle festgelegt. Ich empfehle den meisten Marken, die Zielgruppe so individuell und personalisiert wie möglich in den Social Media anzusprechen. Bei international tätigen Marken schlage ich deshalb vor, in der jeweiligen Zielsprache des Marktes zu agieren. Diese jeweilige Zielsprache beherrscht der PCI fließend.

Entscheiden Sie sich als deutschsprachiges Unternehmen für einen englischsprachigen Social-Media-Kanal, beherrscht ein deutschsprachiger PCI die englische Sprache sicher und fließend.

2.8.4 Das PCI-Anforderungsprofil

Wie bereits erwähnt, ist die Anforderung an einen PCI sehr individuell und muss immer subjektiv bewertet werden. Sie beschreiben die konkreten Tätigkeitsfelder, Aufgaben und Voraussetzungen für die zu besetzende Stelle.

Bezeichnung der Position
Bei der Position PCI handelt es sich um ein neues Berufsbild. Daher ist die Berufsbezeichnung noch nicht geläufig. Eine alternative geläufige Positionsbeschreibung

gibt es nicht. Ich empfehle Ihnen daher, die Position mit „Permanent Corporate Influencer (m/w/d)" zu betiteln.

Aufgaben und Tätigkeiten
Hier bilden Sie die konkreten Aufgabenbereiche und Tätigkeitsfelder des PCI ab. Wichtig dabei ist, direkt zu erwähnen, dass das Tätigkeitsfeld des PCI in Bewegtbild- und Live-Formaten *vor* der Kamera stattfindet. Für die spätere Stellenausschreibung notieren Sie die für Sie relevanten Aufgaben und Tätigkeiten Ihres PCI. Diese sind zum Beispiel:

• Produktion und Umsetzung von Bewegtbild- und Live-Formaten als Akteur vor der Kamera
• Information und Betreuung der Follower in den sozialen Netzwerken
• Auf- und Ausbau der Community
• Konzeptionelle Weiterentwicklung der Social-Media-Strategie
• Strategische Content- und Themenplanung
• Beantwortung von Anfragen in den sozialen Netzwerken (Community Management)
• Interner Ansprechpartner für Social Media sowie Schnittstellen-Management zu internen Stakeholdern

Anforderungen (Kenntnisse, Fähigkeiten)
Hier definieren Sie die individuellen Anforderungen an Ihren PCI. Diese können je nach Unternehmensgröße und den allgemeinen Anforderungen Ihres Unternehmens bei Neueinstellungen variieren. Grundsätzlich ist eine Erfahrung im Umgang mit den Social Media im professionellen Umfeld (bei einer Marke) ein Mindestkriterium.
Ich empfehle, durchaus kommunikationsstarke Berufseinsteiger auszuwählen, wenn es sich zum Beispiel um eine junge Zielgruppe handelt. Der PCI wird dann durch entsprechende Schulungsmaßnahmen an das professionelle Social-Media-Marketing herangeführt. Bei Berufseinsteigern ist eine Erfahrung mit mindestens einem Social Network als operativer Content Creator obligatorisch.
Hier einige beispielhafte Anforderungen an die Kenntnisse und Fähigkeiten Ihres zukünftigen PCI:

• Abgeschlossene Berufsausbildung oder ein abgeschlossenes Studium der Wirtschaftswissenschaften, Marketingkommunikation oder vergleichbarer Studienrichtungen
• Erfahrungen im Bereich Social-Media-Marketing/Marketingkommunikation und/oder der Kundenbetreuung

- Erfahrung als Corporate Influencer oder Pressesprecher
- Erfahrung als Moderator, Protagonist oder Darsteller in Film-Formaten
- Sicherer Umgang mit den Mechaniken der Social Media
- Gespür für Trends und die aktuellen Entwicklungen der sozialen Netzwerke
- Hohe Kommunikationsfähigkeit, Teamplayer, sicheres Auftreten vor der Kamera
- Optional: Fachkenntnisse im Umfeld Ihres Produkts/Ihrer Dienstleistung

Verantwortlichkeiten
Hier führen Sie auf, welche (hohen) Verantwortungen mit dem Berufsbild PCI in der Außendarstellung der Marke verbunden sind. Sie können die Befugnisse, die direkten Vorgesetzen, an die der PCI berichtet, erwähnen (z. B. Marketingleitung, Geschäftsführung oder Vorstand). Beschreiben Sie auch, wie der PCI in die Strukturen Ihres Unternehmens eingebunden wird.

Ihre Leistungen
An dieser Stelle „verkaufen" Sie Ihre Arbeitgebermarke und erzeugen einen starken Wunsch, bei Ihnen zu arbeiten. Beschreiben Sie Ihre Marke, Ihre Marktstellung, Ihre Mission, den „Spirit" Ihrer Mitarbeiter und alle weiteren positiven Arbeitgebermerkmale. Führen Sie Ihre sozialen und sonstigen Leistungen für Ihren PCI auf. Wenn Sie eine transparente Kommunikation in Ihrer HR pflegen, können Sie an dieser Stelle auch die Verdienstmöglichkeiten veröffentlichen. Selbstverständlich nennen Sie auch den Besetzungstermin.

Nun können Sie mit den Planungen dieses Abschnitts eine Stellenanzeige formulieren. Hier eine beispielhafte Formulierung für ein KMU. Es handelt sich um einen Modevertrieb im B2C-Bereich mit mehreren regionalen Standorten (Modegeschäften).

Beispiel-Stellenanzeige

Wir sind ein Familienunternehmen in der dritten Generation und Mode ist unsere DNA. Wir sind an 6 Standorten im Rhein-Neckar-Kreis vertreten und bieten unseren Kunden die neuesten Modetrends zum fairen Preis. Unsere Erfolgsgeschichte geht weiter und dafür brauchen wir Dich. Wir suchen zum nächstmöglichen Zeitpunkt Dich als unser Gesicht der Marke als festangestellte/n **Permanent Corporate Influencer** in Vollzeit (39 h/Woche) am Standort Mannheim.

Deine Aufgaben:

- Entwicklung und Umsetzung unserer Social-Media-Strategie
- Produktion von Bewegtbild- und Live-Formaten als Akteur vor der Kamera
- Betreuung der Follower in den sozialen Netzwerken
- Aufbau unserer Communities in den Social Media
- Content-, Themen- und Redaktionsplanung
- Community Management
- Schnittstellen-Management zu internen Stakeholdern und externen Agenturen

Das bringst Du mit:

- Erfahrungen im Bereich Social-Media-Marketing oder der Kundenbetreuung
- Vor der Kamera oder auf einer Bühne fühlst Du Dich wohl
- Du besitzt eine hohe Kommunikationsfähigkeit vor der Kamera
- Die Social Media sind Dein zweites Zuhause
- Du liebst Mode und kennst die neuesten Mode-Trends

Wir bieten Dir einen sicheren Arbeitsplatz in einem erfolgreichen Unternehmen. Du kannst Deine Arbeitszeiten flexibel gestalten und erhältst eine sehr attraktive Vergütung mit zahlreichen Zuschüssen.

Interesse? Schicke uns eine WhatsApp oder bewerbe Dich jetzt Online. Wir freuen uns auf Dich!◄

Literatur

Kreutzer RT (2018) Social-Media-Marketing kompakt. Springer Gabler, Wiesbaden

Statista (2020a) Statistiken zur Internetnutzung in Deutschland. https://de.statista.com/themen/2033/internetnutzung-in-deutschland/. Zugegriffen: 23. November 2020

Statista (2020b) Anzahl der Facebook-Nutzer nach Altersgruppen und Geschlecht in Deutschland im Januar 2018. https://de.statista.com/statistik/daten/studie/512316/umfrage/anzahl-der-facebook-nutzer-in-deutschland-nach-alter-und-geschlecht/. Zugegriffen: 23. November 2020

Der Recruiting-Prozess

3

Zusammenfassung

In diesem Kapitel werden die detaillierten fachlichen und persönlichen Anforderungen an den PCI definiert. Anschließend steigen wir konkret in das Thema Rekrutierung potenzieller Bewerber ein, planen ein Bewerberinterview, führen das Gespräch exemplarisch durch und befassen uns mit der Selektion des geeigneten PCI.◄

Nachdem wir die allgemeinen Anforderungen an Ihren PCI definiert haben, beginnen wir mit dem Recruiting-Prozess. Wir werden einen detaillierten Blick auf die einzelnen Anforderungen und Fähigkeiten Ihres PCI werfen, Bewerber in relevanten Kanälen akquirieren und die Interviews durchführen. Das Ziel, die richtige Selektion des PCI, ist das Endergebnis dieser Planungen.

3.1 Fachliche Anforderungen im Recruiting-Prozess

„Fachwissen behindert das Beurteilungsvermögen"
Diese Weisheit aus dem Vertrieb ist umstritten. Eine solche Aussage bringt im vertrieblichen Sinne Folgendes zum Ausdruck: Ein Verkaufsgespräch ist aus Verkäufersicht dann erfolgreich, wenn das Verkaufsgespräch sympathisch auf Augenhöhe stattfindet, es dabei zu 90 % um private und persönliche Dinge geht und nur zu 10 % um das eigentliche Produkt und den Verkauf. Der Mensch ist beim Kauf von emotionalen Faktoren getrieben. Emotionale Nähe zwischen Käufer

T. Klein, *Der neue Corporate Influencer,*
https://doi.org/10.1007/978-3-658-32374-5_3

und Verkäufer bildet Vertrauen, was letztlich zum Kauf führt. Empfehlungsmarketing funktioniert auch gerade deshalb so gut, weil zum empfehlenden Freund bzw. Bekannten ein Vertrauensverhältnis besteht.

Ein guter Verkäufer weiß deshalb, wie er ein Verkaufsgespräch auf dieser emotionalen Basis führt. Er verbindet sich mit dem Käufer auf emotionaler Ebene, überlässt 80 % des Redeanteils dem Käufer, um möglichst viele Informationen (Bedarfe) aus ihm herauszukitzeln. Auf diese Bedarfe kann er dann gezielt eingehen. Das gestaltet ein erfolgreiches Verkaufsgespräch effektiv und effizient.

Ein fachlich fokussierter Verkäufer will im Verkaufsgespräch seine Fachkompetenz unter Beweis stellen. Statt gezielt auf die Bedarfe des Käufers einzugehen, gießt er seine „Nutzendusche" über den Käufer. Er feuert alle Vorteile und Nutzen von A bis Z auf den Käufer ab. Der Redeanteil liegt überwiegend beim Verkäufer, und der Käufer schaut nach wenigen Minuten auf die Uhr und hofft auf ein schnelles Ende dieses Schlamassels. Der Verkäufer stellt sein Fachwissen in den Mittelpunkt und wird die individuellen Bedarfe des Käufers nicht ergründen. Daher ist sein Beurteilungsvermögen eingeschränkt.

Ich bin ein Fan der ersten Variante. Ich war lange Jahre im Vertrieb bei einer Krankenkasse tätig und habe „Klinken geputzt". Ich habe gelernt, dass Fachwissen oft nicht von Relevanz ist und vielmehr die persönliche Beziehung und Sympathie zum Verkauf geführt hat. Und ich bin Autodidakt mit mittlerem Bildungsabschluss, kein Abitur. Ich habe mir Fachwissen im Bereich Social-Media-Marketing jenseits einer Fachhochschule oder Universität über viele Jahre hinweg angeeignet. Die zwei Fachbücher, die ich in diesem Bereich geschrieben habe, betrachte ich als mein persönliches Diplom. Bald werde ich sogar an einer Universität promovieren.

Inzwischen buchen mich die größten Marken Deutschlands wie die Deutsche Bahn, Volkswagen und Zentis als Social-Media-Berater für ihre Markenarbeit. Ich bin mir sicher, dass ich in meinem Fachbereich Social-Media-Marketing sehr kompetent bin. Wollte ich mich heute auf eine Stelle, zum Beispiel als Social-Media-Manager bewerben, wäre die fachliche Hürde für mich zu hoch, weil im Regelfall Abitur sowie ein Studium vorausgesetzt werden. Deshalb würde ich mich also gar nicht bewerben.

Im Umkehrschluss entgeht dem ausschreibenden Unternehmen die Chance, in mir einen hochkompetenten Mitarbeiter zu finden. Bei meinen Projekten hatte ich es immer mit heterogen Branchen zu tun und musste mich in kurzer Zeit fachlich in ein neues Produkt oder eine neue Dienstleistung einarbeiten. Das erfolgreich umzusetzen, ist wiederum eine persönliche Kompetenz. Führt man seinen Job mit

Leidenschaft aus, kommt automatisch autodidaktisch die fachliche Kompetenz zum Produkt hinzu.

Selbstverständlich sind für Ihren PCI allgemeine Fachkenntnisse und ein Grundinteresse an Ihrem Produkt eine wichtige Voraussetzung, um in eine öffentliche Kommunikation zu treten. Meine Empfehlung ist, insgesamt die fachlichen Anforderungen niedrig zu halten und die leidenschaftlichen Autodidakten unter den Bewerbern zu erkennen. Ansonsten entgeht Ihnen genau dieses Bewerberpotenzial. Doch diese Entscheidung dürfen und müssen Sie treffen.

Ihre Anforderungen – Ihre Entscheidung

Sobald sich das neue Berufsbild des PCI in der Öffentlichkeit etabliert hat, wird der riesige Markt an potenziellen Bewerbern sichtbar werden. 19,1 Mio. Menschen in Deutschland (Bitkom 2018) wären gerne als Influencer erfolgreich. Gerade die jüngere Generation wuchs mit den Social Media auf und träumt von einer Profilierung als Content Creator. Durch den PCI entsteht ein beliebtes Berufsbild, bei dem es mit Sicherheit nicht an Bewerbern fehlen wird. Ob die Bewerber jedoch die Anforderungen erfüllen, möchte ich in vielen Fällen bezweifeln. Diese Erfahrung habe ich durch meine Ausbildungsplattform zum Influencer auf www.sentimeo.com gemacht.

Als wichtigstes Merkmal sehe ich die persönliche Wirkung und die Fähigkeit, authentisch vor der Kamera zu agieren. Die weiteren Anforderungen, insbesondere fachlicher Natur, legen Sie individuell für Ihre Marke fest. Greifen Sie dabei auf Ihre Erfahrungen bei anderen Vakanzen zurück. Orientieren Sie sich bei den fachlichen Anforderungen Ihres PCI etwas näher an den vertrieblichen Tätigkeiten Ihres Unternehmens. Lassen Sie Ihre ganz persönlichen Erfahrungswerte mit Bewerberinnen und Bewerbern mit einfließen.

3.2   Persönliche Anforderungen an den PCI

3.2.1   Erscheinungsbild

Das allgemeine Erscheinungsbild des potenziellen PCI muss zu Ihrer Marke und Ihren Markenwerten passen. Unabhängig vom äußeren Erscheinungsbild ist ein authentisches, selbstsicheres und natürliches Auftreten erforderlich. Dieses

Charisma wird auch vor der Kamera zum Ausdruck gebracht und medial transportiert, sodass der Kommunikationsempfänger die Person als authentisch und sympathisch im Kontext Ihrer Marke wahrnimmt.

Viele Menschen verfallen in eine Art Starre oder eine nicht authentisch und affektiert wirkende Kommunikation, wenn eine Kamera auf sie gerichtet ist. Wir werden die Bewerber daher im Interview noch auf die Probe stellen.

Achten Sie beim Erscheinungsbild auf den Fit zu Ihrer Käuferzielgruppe (Personas) und Ihrer Markenpositionierung. Ihr PCI muss von Ihrer Zielgruppe als „einer von uns" wahrgenommen werden. Berücksichtigen Sie bei der grundlegenden Beurteilung Ihrer Bewerber folgende Kriterien:

• Alter
• Geschlecht
• Regionaler Bezug bzw. sprachlicher Dialekt
• Beherrschung der gewünschten Zielsprache

3.2.2 Auftreten

Ein sicheres und anspruchsvoll wortgewandtes Auftreten Ihres PCI mit hoher Ausstrahlung (Charisma) ist von großer Bedeutung. In Bewegtbild- und Live-Formaten sind zudem schnelles Reaktionsvermögen, Schlagfertigkeit und Wortgewandtheit wichtig. Denn gerade bei Live-Formaten, die in den Social Media hohe organische Reichweiten generieren, kann kein Schnitt erfolgen. Außerdem erhöhen sich die Produktionszeiten bei Bewegtbild-Aufnahmen, wenn der PCI aufgrund fehlender Kommunikationsfertigkeit zu viele Takes benötigt. Der PCI ist auch in der Lage zuzuhören. Er überlässt den Redeanteil seinem Interview-/Gesprächspartner, um an wichtige Informationen zu gelangen, ist aber gleichzeitig kein „stilles Mäuschen".

Die Beurteilung nach dem persönlichen Auftreten des potenziellen PCI ist immer subjektiv. Vertrauen Sie auf Ihre Erfahrung und Menschenkenntnis. Diese werden Sie beim Auswahlprozess leiten und zur richtigen Entscheidung führen.

3.2.3 Kamera-Affinität

Der Arbeitsplatz Ihres PCI ist primär *vor* der Kamera. Eine überzeugende und authentische Kamerapräsenz ist demnach Grundvoraussetzung für die erfolgreiche Durchführung dieses Berufes. Der PCI nutzt die Kamera, um mit Ihrer Zielgruppe in Kontakt zu treten. In Abschn. 3.2 werden wir daher den potenziellen PCI auf seine Kamerapräsenz überprüfen.

Der PCI bereitet sich strukturiert und konzeptionell auf seine Video-Produktionen vor. Er hält Augenkontakt und spricht frei zu dem einzelnen Zuschauer. Der PCI strahlt vor der Kamera Enthusiasmus und Energie aus.

Im Idealfall hat der potenzielle PCI bereits Erfahrung in folgenden Bereichen:

- Moderator bei Events, im Radio oder TV
- Content Creator in den Social Media
- Speaker auf Events
- Schauspiel- oder Bühnenerfahrung
- Ähnliche Erfahrung als Protagonist vor Publikum

Wie in jedem anderen kreativen Beruf gibt es auch hier gute und schlechte Tage. Gestehen Sie Ihrem PCI zu, auch einmal nicht so flüssig und energetisch wie üblich zu sein. Jeder Künstler hat kreative Hoch- und Tiefphasen. Beim PCI-Vorstellungsgespräch wäre eine Tiefphase jedoch ungünstig für alle Beteiligten. Wir werden im PCI-Interview den potenziellen PCI mit einem Test vor der Kamera auf die Probe stellen.

Doch wie verhalten Sie sich, wenn der potenzielle PCI alle Parameter in Bezug zu Brand Fit, Auftreten und Erscheinungsbild erfüllt und vor der Kamera (noch) Schwierigkeiten hat? Kann die Person Kamerapräsenz erlernen und soll man ihr eine Chance geben, sich zu bewähren? Ich bin der Meinung, dass jeder Mensch mit einer hohen Eigenmotivation und konsequenter Übung seine Präsenz vor der Kamera verbessert oder zumindest die Chance darauf besteht. Außerdem gibt es die Probezeit.

In einem Vorstellungsgespräch ist der Bewerber zusätzlich nervös und einer Stress-Situation ausgesetzt. Doch die Beherrschung solcher Situationen ist eine der wichtigen Fähigkeiten des PCI. Versuchen Sie daher zu bewerten, ob eine grundsätzliche Kamerapräsenz gegeben ist. Schauen Sie sich die Videos aus dem PCI-Interview im Nachgang noch einmal an. Bewerten Sie im Team die Wirkung, gerne auch bei Kolleginnen und Kollegen außerhalb Ihres Teams. Nach meiner Auffassung muss die natürliche Wirkung eines Bewerbers vor der Kamera auch in der Stress-Situation „Bewerbungsgespräch" erkennbar sein, damit er in die engere Auswahl gelangen kann.

3.2.4 Strukturiertes und analytisches Arbeiten

Ist Ihr PCI neben der Kommunikation in den Social Media auch für die Aufgabenbereiche eines Social-Media-Managers verantwortlich, benötigt er weitergehende
Fertigkeiten und Fähigkeiten. So ist beispielsweise ein strukturiertes und gut
organisiertes Arbeiten wichtig.

Gerade im Redaktionsprozess sind der Austausch und die strukturierte Organisation von Informationen innerhalb Ihres Unternehmens von hoher Bedeutung.
Der PCI ist in die Regelprozesse Ihrer Organisation eingebunden und berät
die Steakholder zum Thema Social Media. Hier müssen Informationen strukturiert und übersichtlich visuell aufbereitet und zur Verfügung gestellt werden.
Bei der Planung und Umsetzung einer Social-Media-Strategie bedarf es einer
konsequenten Umsetzung der strukturiert aufbereiteten Informationen.

Die stetige Kontrolle und Optimierung der Social-Media-Strategie erfordert
beim PCI eine ausgeprägte Fähigkeit, analytisch zu denken. Dies umfasst die
Definition relevanter KPIs, deren ständiges Monitoring und ihre Auswertung. Ein
PCI muss in der Lage sein, einen Report in Analytics oder den Insights lesen und
deuten zu können. Er kann eigenständig entsprechende Reports anfertigen und an
die Marketing- oder Geschäftsleitung berichten.

3.2.5 Teamplayer mit Hands-on-Mentalität

Der PCI arbeitet im Team, er ist kein Einzelgänger. Der Austausch mit Kolle-
gen/innen öffnet seinen Horizont. Eine gute Verbindung zu den Team-Mitgliedern
im Social Media Team ist eine Grundvoraussetzung für eine zufriedene und
kreative Arbeitsatmosphäre. Der PCI grenzt sich ebenso wenig von anderen
Abteilungen wie der PR, dem Vertrieb oder Produktion ab, um den ständigen
Informationsfluss in Ihrer Organisation zu gewährleisten.

Eine Hands-on-Mentalität ist deshalb so wichtig, weil der PCI in hohem Maße
eigenverantwortlich agiert und in der Regel ad hoc Entscheidungen treffen muss.
Es bleibt ihm keine Zeit für Freigaben oder Entscheidungshilfen. Der PCI muss
daher über ein gutes Beurteilungsvermögen verfügen, das ihm dabei hilft, Sachverhalte schnell zu analysieren, zu bewerten und entsprechende Entscheidungen
eigenständig treffen zu können. Auch diesen Eigenverantwortungsgrad werden
wir im PCI-Interview in Abschn. 3.5 auf die Probe stellen.

3.3   Passende Bewerber finden

Um potenzielle PCI-Bewerber zu erreichen, werden wir die bekannten klassischen Wege gehen und auch neue Kanäle erschließen. Wir werden querdenken und neue Potenziale nutzen. Bitte achten Sie darauf, dass Sie keinen „fertigen" Content Creator suchen. Das Kriterium „Followerzahl" ist nicht das ausschlaggebende Einstellungsmerkmal. Es ist ein Erfahrungsmerkmal und durchaus von Vorteil, wenn ein Creator bereits eine eigene große Community aufgebaut hat. Sie sollten sich jedoch nicht der Chance verschließen, einen „ungeschliffenen Diamanten" zu finden. Daher achten wir primär auf den Menschen und seine Persönlichkeit, die Qualität des Contents und den Brand fit.

3.3.1   Kanäle für potenzielle Bewerber

In Tab. 3.1 finden Sie neben den klassischen Kanälen auch neue Kanäle, um potenzielle Bewerber zu erreichen.

Bitte beachten Sie, dass sich viele Kanäle noch in der Entstehung befinden. Influencer-Portale und Influencer-Marketing-Agenturen vermitteln derzeit noch ausschließlich Content Creators auf selbstständiger Basis.

Ihr potenzieller PCI ist Vollblut-Digital-Native. Sie werden diese Zielgruppe weniger bis gar nicht über analoge Kanäle erreichen. Junge Bewerber bewegen sich auf Instagram, TikTok und Snapchat. Fachlich professionelle B2B-PCI erreichen Sie in den Business-Portalen wie LinkedIn oder Xing. Verstärken Sie die Sichtbarkeit und Wahrnehmung Ihres Stellenangebots über Kampagnen und weiterführende Maßnahmen (s. Tab. 3.2).

3.3.2   Direktansprache

Auch eine Direktansprache in den Social Media kann erfolgreich sein. Sprechen Sie mit Ihrem Social-Media-Manager. Er kennt die bestehende Community Ihrer Marke. In jeder Community gibt es Follower, die stärker als andere mit Ihrer Marke kommunizieren. Schauen Sie sich diese Top-Follower genauer an und bewerten Sie, ob diese Person als PCI infrage kommt. Betrachten Sie die Community in LinkedIn oder Xing. Befragen Sie Ihren Vertrieb und Kundenservice. Über diesen Weg finden Sie Ansatzpunkte zur Recherche potenzieller Bewerber.

Ist das Profil des potenziellen PCI öffentlich geschaltet, ist das ein weiteres positives Signal. Bei der Direktansprache verwenden Sie die Sprache

Tab. 3.1 Kanäle zur Ansprache potenzieller PCI

Kanal	Beschreibung
Job-Portale	Ausschreibung in den gängigen Job-Portalen wie z. B. StepStone, Indeed, monster.de, Xing Jobs etc.
PCI-Portal	Ausschreibung und Selektion auf www.permanent-cor porate-influencer.de (im Laufe der Zeit entstehen weitere neue Portale von Dienstleistern im Bereich Media und Influencer-Marketing)
Influencer-Portale	Zum Beispiel Buzzbird, Famebit, InfluencerDB, Reachhero, OpenInfluence, Facebook Brand Collabs Manager, Hashtaglove, HitchOn, Hypr, Revluence, Influence.vision
Influencer-Marketing-Agenturen	Agenturen mit Schwerpunkt Campaigning
Arbeitsagentur	Ausschreibung in den Portalen der Arbeitsagentur
Social Media	Direktansprache über Direktnachricht in einem relevanten Netzwerk (z. B. Instagram, YouTube, LinkedIn, Xing etc.)
Events	Direktansprache z. B. über einen Messestand auf Events der Zielgruppe Instagram-/YouTube Creator
Eigene Kanäle	Nutzen Sie Ihre Homepage, Social-Media-Kanäle, On- und Offline Kanäle, E-Mail-Signaturen, Microsites etc.
Mitarbeiter	Forcieren Sie Empfehlungen im privaten und geschäftlichen Umfeld Ihrer Mitarbeiter
Personaldienstleister	Nutzen Sie externe Dienstleister wie z. B. Headhunter

der Zielperson und schreiben eine Direktnachricht in dem jeweiligen sozialen Netzwerk.

Bitte beachten Sie, dass in den Netzwerken wie z. B. Instagram oder YouTube Filter im Nachrichteneingang zwischengeschaltet sind. Ihre Nachricht wird dann dem Nutzer versteckt als „Anfrage" angezeigt. Hat Ihr Nachrichtenempfänger eine große Community (> 10 K Follower), wird er Ihre Nachricht vermutlich sehr spät oder gar nicht wahrnehmen. Eine Alternative: Manchmal ist im Account eine E-Mail-Adresse hinterlegt. Nutzen Sie diese Option und sprechen Sie die Person per E-Mail an.

Leiten Sie Bewerber immer auf eine Landingpage, die in einen Funnel zur Online-Bewerbung führt. Dabei empfehle ich, so wenig „Offline-Anforderungen" wie möglich zu setzen.

Tab. 3.2 Maßnahmen zur Bewerberfindung

Maßnahme	Beschreibung
Social Ads	Produzieren Sie qualitativ hochwertige und zielgruppenaffine Bewegtbild-Contents und spielen Sie diese bezahlt auf Instagram, TikTok oder anderen relevanten Social Media aus
Online-Kampagne	Erzählen Sie Geschichten aus Ihrem Unternehmen, produzieren Sie in einer konsistenten Storyline relevante Formate, vermarkten Sie die Contents in relevanten Online-Kanälen wie z. B. Google, LinkedIn und Xing. Führen Sie die Interessenten in einen Sales-Funnel zur Online-Bewerbung auf Ihrer Landingpage
Crossmediale Kampagne	Integrieren Sie Ihre Recruiting-Kampagne in alle eigenen On- und Offline-Medien, um neue Bewerber zu erreichen
PR/Pressearbeit	Nutzen Sie Ihre PR und Pressearbeit, um dieses neue Berufsbild in Ihrem Unternehmen vorzustellen. So positionieren Sie sich als innovative, kundenorientierte Marke und erreichen potenzielle Bewerber

3.4 Bewerbungen priorisieren

Wir haben nun die genauen Anforderungen definiert, Sichtbarkeit für unsere Vakanz generiert und zahlreiche Bewerbungen im Eingang. Jetzt gilt es, die richtige Person für die Position auszuwählen. Wir selektieren zunächst alle eingegangenen Bewerbungen. Mit Hilfe der in Abb. 3.1 dargestellten Initialbewertung können Sie entscheiden, welche Bewerber zum persönlichen Interview eingeladen werden.

Bei der Initialbewertung in Abb. 3.1 handelt es sich um einen beispielhaften Rahmen für eine erste Beurteilung der Bewerbung. Je nach Ausprägung der Bewertungskriterium können Sie maximal zehn Punkte pro Kriterium vergeben (Tab. 3.3).

Bitte verändern Sie bei Bedarf die einzelnen Bewertungskriterien und die Kriterien-Gewichtung nach Ihren Anforderungen und Vorstellungen. Sollten Sie eine Veränderung vornehmen, achten Sie darauf, dass alle Kriterien bei allen Bewerbern ebenso verändert werden! Nur so haben Sie die Möglichkeit einer Vergleichbarkeit.

Wenn Bewertungen zum aktuellen Status der Bewerbungsphase noch nicht möglich sind, entfernen Sie das entsprechende Kriterium und passen die Gewichtungen an. Nachfolgend eine Erläuterung und Bewertungshilfe zu den einzelnen Bewertungskriterien:

Bewertungskriterien	Kriterien-Gewichtung in %	Maximal erreichbare Punkte	Bewerber Bewertung	Score
Erfahrung Social Media Marketing	15	10	10	1,50
Brand fit	15	10	10	1,20
Zielgruppennähe	14	10	10	1,40
Wirkung am Telefon	12	10	10	0,80
Ausbildung und Werdegang	10	10	10	1,50
Kamera-/Bühnenerfahrung	10	10	10	1,00
Bewerbungsunterlagen	8	10	10	0,50
Fach- und Branchenkenntnisse	6	10	10	0,50
Eigene Community >5K	5	10	10	1,00
Visuelle Erscheinung	5	10	10	0,60
Gesamt	100	100		10,00

Abb. 3.1 Initialbewertung Bewerber

Tab. 3.3 Ausprägung der Bewertungskriterien

Ausprägung	Punkte
Kriterium sehr gut ausgeprägt	10
Kriterium gut ausgeprägt	8
Kriterium befriedigend ausgeprägt	6
Kriterium ausreichend ausgeprägt	4
Kriterium mangelhaft ausgeprägt	2
Kriterium wird kaum erfüllt	1

- **Erfahrung Social-Media-Marketing**
  - Keine Berufserfahrung: 0
  - 2–5 Jahre Berufserfahrung: 8
  - >5 Jahre Berufserfahrung: 10
- **Brand Fit**
  - Subjektive Bewertung in Bezug zu Ihrer individuellen Markenpositionierung, soweit dies zu diesem Zeitpunkt der Bewerbungsphase möglich ist.
- **Zielgruppennähe**
  - Demografische Bewertung, Sprache, Regional fit, subjektive Einschätzung anhand der Bewerbungsunterlagen, wenn möglich
- **Wirkung am Telefon**

- Ein unangekündigtes Vorab-Telefonat ist wertvoll. Überraschen Sie den Bewerber doch einmal per FaceTime oder WhatsApp Video-Anruf! Reagiert der Bewerber offen, sicher und selbstbewusst?
- Wurde kein Telefonat durchgeführt, dann dieses Bewertungskriterium bitte bei allen Bewerbern entfernen.

• **Ausbildung und Werdegang**
  - Schulische Ausbildung? Bestanden? Noten?
  - Berufsausbildung?
  - Studium (ideal im Bereich Marketing), Kommunikation oder Schauspielkunst?

• **Kamera-/Bühnenerfahrung**
  - Erfahrung als Content Creator, Moderator, Bühnendarsteller?
  - Wurden Beispiele (z. B. Video-Links) oder Referenzen übermittelt?

• **Bewerbungsunterlagen**
  - Social-Media-Profil(e) angegeben?
  - Aufbereitung und Vollständigkeit?
  - Bild-/Videomaterial?

• **Fach- und Branchenkenntnisse**
  - Branchenkenntnisse vorhanden?
  - Produktkenntnisse?
  - Erfahrung im Markenumfeld?

• **Eigene Community > 5 K**
  - Ein „befriedigend", wenn 5 K–10 K Follower (bitte Schnell-Check auf Fake-Follower durchführen)
  - Ein „gut" bis „Sehr gut" wenn über 10 K Follower

• **Erscheinungsbild**
  - Ausdruck im Anschreiben
  - Außenwirkung auf übermittelten Medien
  - Ausstrahlung und Charisma

Nachdem Sie Ihre Initialbewertung durchgeführt haben, laden Sie die Bewerber zum persönlichen Interview ein. Für Ihre Vorbereitung finden Sie nachfolgend Checklisten und Aufgaben, wie Sie die Fähigkeiten Ihrer Bewerber auf die Probe stellen. Gehen Sie dabei so vor, wie Sie es aus Ihrer bisherigen Personalarbeit kennen und erfahren haben. Dem potenziellen PCI sind lediglich einige besondere Aufgaben zu stellen, um seine Kommunikationsfähigkeiten bewerten zu können.

3.5   Das PCI-Interview

Der Tag der Prüfungen ist gekommen. Ihre Bewerberinnen und Bewerber wurden zum persönlichen Interview eingeladen. Ich gehe davon aus, dass Sie diejenigen Bewerber, die nicht erscheinen, aus Ihrer Auswahl entfernen.

Beginnen Sie das Interview mit den gängigen Fragen zur Person, zum Werdegang und zu Ihrer Marke. Oft erkennen Sie anhand Ihres Bauchgefühls, ob es passt oder nicht. Jedoch gilt es, auch die sachlichen Aspekte zu erkennen und so weit wie möglich objektiv zu bewerten. Sie suchen eine Person, die Ihre Vakanz als PCI möglichst über viele Jahre hinweg besetzt, zuverlässig ist und die erforderlichen Kompetenzen mitbringt.

3.5.1   Fragen zu Persönlichkeit, Fachkenntnissen und zur Motivation

Fragen zur Persönlichkeit
Hier gibt es keine richtigen oder falschen Antworten. Vielmehr finden Sie mit diesen Fragen heraus, wie sich der Bewerber auf das Gespräch vorbereitet hat und welche Erwartungshaltung besteht. Beispiele:

• Tagesaktuelle thematische Fragen (z. B. in Bezug auf das Auffinden der Firma, das Wetter oder aktuelle Ereignisse) und Small Talk
• Wie stellen Sie sich die erste Zeit hier bei uns vor?
• Wie ist Ihr aktueller Vorgesetzter?
• Welche Aufgaben erwarten Sie in Ihrem Job als PCI?
• Wer ist Ihr Vorbild als Content Creator und weshalb?
• Wie würde Ihr bester Freund Sie beschreiben?
• Was war das Verrückteste, was Sie bisher im Leben gemacht haben?

Fachliche Fragen
Stellen Sie hier allgemeine, aber auch sehr aktuelle und spezifische Fragen zu den sozialen Netzwerken, ihren Mechaniken und neuen Formaten sowie zu strategischen Themen des Social-Media-Marketings. Beispiele:

• Welche sozialen Netzwerke schlagen Sie unserer Marke vor und weshalb?
• Welche Formate bringen uns den größten Erfolg?
• Wie bauen Sie eine Social-Media-Strategie auf?
• Wie verhalten Sie sich im Falle eines Shitstorms?

- Wie gehen Sie mit Hatern um?
- Wie sind Ihre privaten bzw. bisherigen Erfahrungen in den Social Media (inkl. Status abfragen)?
- Wie sieht Ihr aktueller Aufgabenbereich bei Ihrem derzeitigen Arbeitgeber aus?
- Welche Erfahrungen bringen Sie in Bezug auf Video-Produktionen vor der Kamera mit?
- Wie messen Sie den Erfolg im Social-Media-Marketing?
- Wie schätzen Sie die Potenziale von Instagram Reels ein und weshalb?
- Wie sind Ihre Erfahrungen mit TikTok Ads?

Fragen zur Motivation

In diesem Bereich erkennen Sie die Motivation und Leistungsbereitschaft des Bewerbers. Sie sehen, ob die Person ein Teamplayer ist oder eher auf den eigenen Erfolg bedacht und materiell motiviert ist. Stellen Sie zusätzlich Fragen nach den Erfahrungen, um die Glaubwürdigkeit der Antworten zu überprüfen. Beispiele:

- Was bedeutet für Sie Erfolg?
- Was sind Misserfolge für Sie?
- Aus welchen Gründen würden Sie diese Arbeit als PCI gerne machen?
- Was ist Ihnen bei der Arbeit wichtig?
- Wie motivieren Sie sich?
- Was verstehen Sie unter Kundenorientierung?
- Welche selbstständigen Tätigkeiten hatten Sie bisher?

Achten Sie im Verlauf des Gesprächs darauf, dass Ihre Fragen nicht wie ein Verhör wirken, sondern stets der Dialogcharakter erhalten bleibt. Das erfordert auch einen Redeanteil auf Ihrer Seite. Die Bewerber sind oft aufgeregt und nervös. Versuchen Sie, sich auf Augenhöhe zu begeben und mit einem offenen Small Talk geschickt zu den Bewerbungsfragen zu leiten. Nur dann erfahren Sie die wahren Beweggründe und können die Person optimal einschätzen und fachlich bewerten.

3.5.2   Tests im Bewerbungsgespräch

Der Video-Test
Testen Sie die Kreativität des Bewerbers sowie die Kommunikationsfähigkeit vor der Kamera. Bereiten Sie *nicht aufgebautes* Studio-Equipment für eine gängige Video-Produktion vor und stellen Sie einige Requisiten im Kontext zu Ihrem Produkt oder Ihrer Dienstleistung zur Verfügung.

Geben Sie dann dem potenziellen PCI zum Beispiel folgende Aufgabe mit klar definierter Zielstellung:

• Stellen Sie sich vor, Sie sind seit einem Jahr als PCI für unsere Marke im Einsatz. Die Community kennt Sie. Produzieren Sie mit den vorhandenen Gegenständen ein ca. dreiminütiges Video für unsere Marke. Das Video wird für eine Social-Ad-Kampagne mit dem Ziel Awareness für unser Produkt XY verwertet. Sie haben 15 min Zeit.

Bereiten Sie das Equipment wie in Tab. 3.4 beschrieben vor.

Erlauben Sie einem „technischen Assistenten", technische Fragen zum Equipment zu stellen. Sollte der PCI einen Protagonisten wünschen (was sehr positiv gewertet wird), stellen Sie einen Teilnehmer aus der Runde zur Verfügung. Geben Sie zwischendurch immer Feedback zur verstrichenen Zeit („… Sie haben noch xx Minuten"). Wenn der PCI nach 15 min noch nicht mit der Produktion begonnen hat, schreiten Sie ein und bauen das Set vollständig auf. Es ist unbedingt erforderlich, dass der PCI eine Produktion aufnimmt.

Wenn Sie den Test noch erweitern möchten, so geben Sie dem PCI eine weitere Aufgabe. Der PCI soll ein Video-Interview vor der Kamera durchführen, welches Live auf Instagram übertragen wird. Stellen Sie einen Interview-Partner zur Verfügung, der im Laufe des Interviews auch unangenehme Antworten gibt. Bereiten Sie die Fragen in Schriftform für den PCI vor, jedoch nicht die Antworten. So erkennen Sie die Schlagfertigkeit und Kundenorientierung Ihres Bewerbers.

Sollten Sie ein virtuelles Produkt vertreiben oder ein Produkt, das nicht physisch vor Ort zur Verfügung gestellt werden kann, lassen Sie den PCI eine Idee dazu entwickeln. Der Kreativität werden keine Grenzen gesetzt.

Tab. 3.4 Equipment für Video-Produktionstest

Equipment	Vorbereitung	Ziel
Green-/Blue-Screen	Der Stoff ist bereits auf einen Rahmen aufgezogen, jedoch mit starken Falten	Der PCI glättet den Hintergrund, um die Schattenbildung der Falten zu reduzieren
2 Lichtboxen	Stellen Sie die Lichtboxen neben das Set	Der PCI richtet sie links und rechts neben der Kamera aus und versucht, Schattenbildung im Hintergrund zu reduzieren
Smartphone mit Halterung	Legen Sie das Gerät auf einen Bestelltisch. Das Gerät ist bereits in eine Stativhalterung (Blitzschuh) eingesetzt. Das Gerät ist nach Einstecken der Funkstrecke und bei Aufruf des Kameramodus einsatzbereit	Der PCI kann das Gerät aufsetzen und ausrichten. Er testet das Bild. Positiv zu bewerten: Der PCI nutzt das Smartphone im Selfie-Modus ohne Stativ
Stativ	Stellen Sie das Stativ vorab in der Höhe ausgerichtet an die Seite. Der PCI kann das Aufnahmegerät sofort montieren. Am Stativ ist eine Halterung für das Empfangsgerät der Funkstrecke	Der PCI richtet die Kamera mithilfe eines Assistenten aus
Ansteckmikro mit Funkstrecke	Der Sender mit bereits angestecktem Mikro liegt auf dem Tisch, Empfängergerät mit Klinkenkabel liegt bereit. Im Sender-Gerät fehlen die Batterien, im Empfänger-Gerät ist ein Kopfhörer angesteckt	Der PCI befestigt das Empfängergerät am Stativ, befestigt den Sender an seinem Körper und steckt den Eingang in das Aufnahmegerät. Er ersetzt die fehlenden Batterien, schaltet beide Geräte an und macht einen Tontest am Kopfhörer
Produkt	Bereiten Sie etwas vor, was in der Kürze der Zeit verwendbar ist	Der PCI inszeniert das Produkt am Rande des Beitrags und achtet auf die Zielstellung des Beitrags (Awareness)
Zubehör	Stellen Sie 12 Batterien, passend für Funkstrecke, Kugelschreiber und Papier bereit	Der PCI stellt Fragen zum Produkt, macht sich Notizen zum Ablauf des Videos

(Fortsetzung)

Tab. 3.4 (Fortsetzung)

Equipment	Vorbereitung	Ziel
Fernauslöser	Er liegt auf dem Beistelltisch und ist bereits per Bluetooth verbunden	Der PCI nutzt den Fernauslöser
Monitor mit Adapter	Er liegt auf dem Beistelltisch und ist bereits mit einem passenden Adapter für das Smartphone verbunden	Der PCI nutzt den Monitor zur Ausrichtung seines Bildes

Was soll der Test aussagen?
Anhand des Tests zum Aufbau eines Sets erkennen Sie Erfahrungswerte des PCI
bei Video-Produktionen, bekommen ein Gespür für sein Verständnis von eigen-
verantwortlichem Arbeiten und seine Hands-on-Mentalität. Diesen Teil des Tests
gewichten wir mit 30 %. Viel wichtiger sind jedoch die Wirkung des PCI vor der
Kamera und das produzierte Video-Material.

Ein PCI strahlt vor der Kamera Charisma aus. Diese positive Wirkung kommt zu
100 % beim Zuschauer an. Im Idealfall hat der PCI Ihr Produkt kreativ in den
Test-Content eingebunden und die Zielstellung Awareness berücksichtigt. Wenn
das Video inhaltlich werblich und vertrieblich produziert wurde, hat der PCI den
Zielansatz *nicht* berücksichtigt.

Nervosität darf vorhanden sein. Die Situation gleicht einer Prüfung. Doch gerade
in solchen Situationen bewahrt der PCI einen kühlen Kopf. Seine Professionalität und Selbstsicherheit vor der Kamera ermöglichen ihm, dass die Aufregung im
Endergebnis nicht dominiert oder zu deutlich wahrgenommen wird. Bewerten Sie
subjektiv den gesamten Ablauf und den produzierten Content des potenziellen PCI.
Erstellen Sie sich hierfür eine Checkliste in Excel, Numbers oder Google Tabellen.

Test der Spontaneität und Authentizität
Durch den Test mit einem Protagonisten während des Video-Interview erkennen
Sie, wie spontan und authentisch der PCI auf akute Situationen reagiert. Provozieren
Sie mit dem Protagonisten einen Konflikt. Im Idealfall reagiert der PCI gelassen,
schlagfertig und deeskalierend.

Stellen Sie den PCI im Videotest vor eine schwierige Frage, die er ohne Recherche
nicht beantworten kann. Gibt der PCI in diesem Fall zu, dass er die Frage spontan
nicht beantworten kann? Oder ist er so wortgewandt, dass er die Frage geschickt

formuliert zurückstellt? Alternativ können Sie diesen Test auch im Interview durchführen.

3.5.3 Informationen zum Beschäftigungsverhältnis

Besprechen Sie mit Ihrem potenziellen PCI alle weiteren Rahmenbedingungen des Beschäftigungsverhältnisses. Tauschen Sie hierbei folgende Informationen aus:

- Beginn und mögliches Wechseldatum bei bestehendem Beschäftigungsverhältnis
- Gehaltsvorstellungen, mögliche Vergütung und leistungsorientierte Zulagen
- Arbeitszeitenmodell
- Aufgabenstellung
- Organisation im Unternehmen

3.6 Bewerber selektieren

Nachdem sie alle Interviews durchgeführt haben, erstellen Sie eine Besetzungsanalyse aller Bewerberinnen und Bewerber, die sich persönlich vorgestellt haben. Aktualisieren Sie zunächst die Bewerber-Analyse unter Abschn. 3.4. Teilweise werden sich die Werte nach dem durchgeführten Interview verändern. Nehmen Sie Ihre Bewertung anhand der in Tab. 3.5 aufgeführten Besetzungsanalyse vor, um anschließend Ihre Entscheidung zu treffen.

Erstellen Sie anschließend eine Liste aller Bewerber und tragen Sie den jeweiligen Score ein. Sie erhalten so eine Entscheidungshilfe, um die Stelle des PCI mit der zu Ihnen passenden Person zu besetzen.

Informieren Sie anschließend den Kandidaten, auf den Ihre Wahl gefallen ist. Halten Sie die beiden danach folgenden Bewerber in der Pipeline, ohne ihnen eine Absage zu erteilen. Auf diese Weise sichern Sie sich einen Puffer, falls das Beschäftigungsverhältnis mit der gewählten Person nicht zustande kommt. Sagen Sie allen anderen Bewerbern ab. Laden Sie Ihren zukünftigen PCI zu einem weiteren Gespräch ein, um alle vertraglichen Regelungen und Vereinbarungen zu treffen.

Tab. 3.5 Besetzungsanalyse

Kriterium	Gewichtung in %	Maximal erreichbare Punktzahl	Bewertung	Score
Vorbereitung und Persönlichkeit	5	10		
Fachliche Qualifikation	20	10		
Motivation	5	10		
Ergebnis der Bewerberanalyse	5	10		
Wirkung vor der Kamera, Video-Test	30	10		
Authentizität	15	10		
Fit Rahmenbedingungen	5	10		
Kommunikationsverhalten	15	10		
Gesamt	**100**	**80**		

Punktzahl:
Kriterium sehr gut ausgeprägt: 10
Kriterium gut ausgeprägt:8
Kriterium befriedigend ausgeprägt:6
Kriterium ausreichend ausgeprägt:4
Kriterium mangelhaft ausgeprägt:2
Kriterium wird kaum erfüllt:1

Literatur

Bitkom (2018) Jeder Fünfte folgt Online-Stars in sozialen Netzwerken. https://www.bitkom.
    org/Presse/Presseinformation/Jeder-Fuenfte-folgt-Online-Stars-in-sozialen-Netzwerken.
    html. Zugegriffen: 9. Okt. 2020

Das Beschäftigungsverhältnis 4

Zusammenfassung

In diesem Kapitel beschäftigen wir uns mit den arbeitsvertraglichen und rechtlichen Rahmenbedingungen des Beschäftigungsverhältnisses Ihres PCI. Des Weiteren erhalten Sie Informationen zur Vergütung, der Zielvereinbarung sowie der Onboarding- und Integrationsprozesse. ◄

4.1 Beschäftigungsart

Die Beschäftigung des Permanent Corporate Influencers erfolgt auf der Basis eines Angestelltenverhältnisses. Es handelt sich hierbei um ein sozialversicherungspflichtiges Beschäftigungsverhältnis in Festanstellung. Im Gegensatz zu einer freiberuflichen Tätigkeit erhält der PCI hierdurch ein hohes Maß an sozialer Absicherung und Konsistenz. Im Gegenzug verzichtet der PCI auf seine Weisungsfreiheit und die wesentlich höhere Vergütung im Markt der selbstständigen Content Creator. Das wiederum ist mit einem unternehmerischen Risiko verbunden. Denn selbstverständlich besteht die Gefahr, dass Ihr PCI zu einem späteren Zeitpunkt die Selbstständigkeit wählt und Ihr Unternehmen verlässt. Hier werden wir jedoch entsprechende rechtliche Grundlagen schaffen, die die Eigentumsverhältnisse der aufgebauten Community in Ihrem Sinne regeln.

Damit Ihr PCI die DNA Ihres Unternehmens sehr schnell aufsaugen kann, integrieren Sie ihn in Ihr bestehendes Social-Media- oder Marketing-Team. In kleineren Unternehmen übernimmt der PCI selbstständig alle Bereiche der digitalen Kommunikation und berichtet direkt an die Geschäftsführung. Eine Integration von Beginn an ist wichtig, damit der PCI sich schnell mit dem Unternehmen identifiziert.

Wir integrieren den PCI ins Social-Media-Team. Er ist jedoch nicht dem Teamlead Social unterstellt, sondern der Marketingleitung (Director Marketing oder Head of Marketing), siehe Abb. 4.1.

Vereinbaren Sie eine Probezeit. Ich empfehle eine Probezeit von sechs Monaten. Sie können auch das Arbeitsverhältnis befristen, zum Beispiel auf zwölf Monate. Meines Erachtens ist es empfehlenswert, eine unbefristete Beschäftigung nach der Probezeit in Aussicht zu stellen. Wägen Sie anhand der Zielstellung und Ihrer Social-Media-Strategie ab, ob die Beschäftigung Ihres PCI in Voll- oder Teilzeit erfolgen soll.

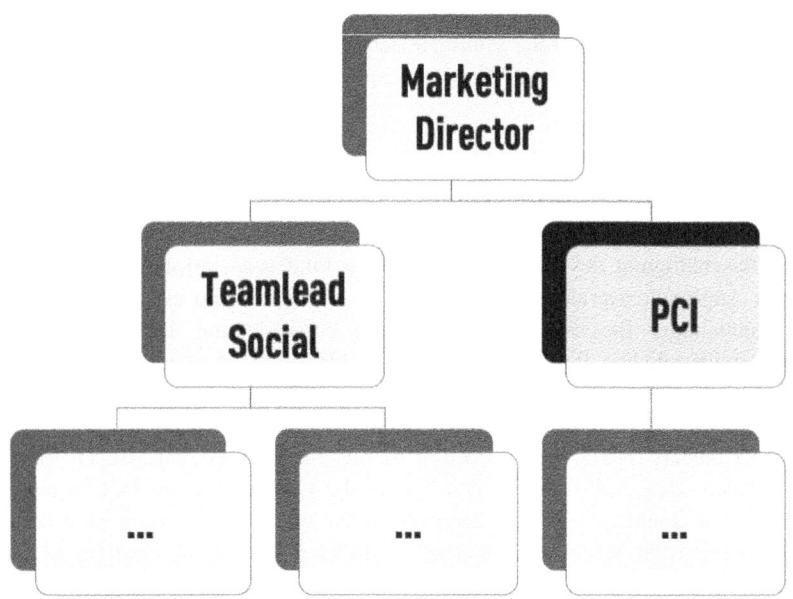

Abb. 4.1 Organigramm PCI im Team

4.2   Der Arbeitsvertrag

Wir definieren hier den schriftlichen Arbeitsvertrag Ihres PCI. Grundsätzlich können Sie sich an bereits vorhandene Vertragswerke Ihres Unternehmens für Angestellte orientieren. Den Arbeitsvertrag bauen wir wie folgt auf und regeln die nachfolgenden Parameter.

- **Tarifbindung und Parteien:** Führen Sie auf, wer die Vertragsparteien sind und ob der Arbeitsvertrag mit einer Tarifbindung geschlossen wird.
- **Beginn und Dauer:** Legen Sie hier fest, wann das Beschäftigungsverhältnis beginnt und ggf. auch das Ende, falls es befristet wird. Bei unbefristeten Arbeitsverträgen ergänzen Sie entsprechend „auf unbestimmte Zeit".
- **Probezeit:** Notieren Sie hier die Dauer der vereinbarten Probezeit, zum Beispiel drei oder sechs Monate. Es wird festgehalten, zu welchen Kündigungsfristen das Arbeitsverhältnis innerhalb der Probezeit beendet werden kann.
- **Beschreibung der Tätigkeit:** In diesem Abschnitt definieren wir eine möglichst genaue Beschreibung der Tätigkeit als PCI. Hier eine Musterformulierung für diesen Abschnitt:

Formulierungsbeispiel für Tätigkeitsbeschreibung

Frau X wird für die Position als Permanent Corporate Influencer angestellt. Sie ist verantwortlich für folgende Aufgaben:

- Operative und strategische Umsetzung der interpersonellen Kommunikation unseres Unternehmens in digitalen Kanälen, überwiegend vor der Kamera für Bewegtbild-Formate
- Strategische Planung des Social-Media-Marketings des Unternehmens
- Strategische und operative Content- und Themenplanung
- Produktion und Postproduktion von selbst produzierten Video Contents
- Abstimmung mit externen Dienstleistern und Agenturen
- Monitorring und Reporting aller Ergebnisse in den digitalen Unternehmenskanälen
- Erarbeitung von Handlungsempfehlungen für das Marketing und Management
- Berichterstattung an die Geschäftsführung

Fügen Sie den Hinweis ein, dass der PCI auch andere gleichwertige Tätigkeiten im Unternehmen, die seiner Qualifikation entsprechen, durchführen muss.

• **Vergütung:** In Abschn. 4.4 beschäftigen wir uns im Detail mit diesem Bereich der arbeitsvertraglichen Vereinbarungen. Die Ergebnisse tragen Sie in diesem Abschnitt des Arbeitsvertrages ein.

• **Arbeitszeiten:** In Abschn. 4.3 beschäftigen wir uns mit diesem Bereich des Arbeitsvertrages. Auch hier tragen Sie die Ergebnisse in das Vertragswerk ein.

• **Urlaubszeiten:** Definieren Sie hier den Anspruch auf bezahlten Jahresurlaub und der Übernahme von Urlaubstagen auf neue Kalenderjahre. Orientieren Sie sich dabei an anderen vertraglichen Regelungen von Angestellten in Ihrem Unternehmen sowie den gesetzlichen Bestimmungen. Wenn Sie eine jährliche Betriebs-/Werksschließung durchführen, führen Sie dies ebenfalls auf.

• **Lohnfortzahlung:** In diesem Bereich dokumentieren Sie die Fortführung der Gehaltszahlung im Falle von Krankheit. Hier gelten in der Regel die gesetzlichen Bestimmungen, dass das Gehalt des PCI für 42 Tage ab dem ersten Tag der Arbeitsunfähigkeit weitergezahlt wird. Dokumentieren Sie, in welcher Frist der PCI eine Arbeitsunfähigkeitsbescheinigung vorlegen muss.

• **Geheimhaltung und Verschwiegenheitspflicht:** Führen Sie in diesem Absatz alle Bedingungen zur Weitergabe von Unternehmensdaten auf. Der PCI verpflichtet sich, sämtliche Unternehmensdaten nicht an Dritte weiterzugeben sowie Unterlagen bei Beendigung des Beschäftigungsverhältnisses an den Arbeitgeber zurückzugeben.

• **Nutzungs- und Urheberrechte:** In diesem Abschnitt definieren Sie die Eigentumsverhältnisse der Social Media Accounts. In Abschn. 4.5 werden wir uns mit den einzelnen rechtlichen Rahmenbedingungen beschäftigen.

• **Nebentätigkeiten und Wettbewerbsrechte:** In Abschn. 4.7 definieren Sie die individuellen Anforderungen dieses Bereichs für einen PCI. Die Ergebnisse ergänzen Sie entsprechend in diesem Absatz.

• **Kündigungsfristen:** In diesem Bereich dokumentieren Sie die Vereinbarungen zur Beendigung des Beschäftigungsverhältnisses. Sie können hier die gesetzlichen Bestimmungen einfügen oder individuelle Vereinbarungen zur Kündigungsfrist definieren.

• **Salvatorische Klausel:** Hier führen Sie die gängige salvatorische Klausel für Ihr Vertragswerk auf.

• **Weitere Vereinbarungen:** Weiterhin können Sie Vertragsstrafen bei Nichtantritt des Beschäftigungsverhältnisses und andere Schadensersatzansprüche im Vertragswerk aufnehmen. Konsultieren Sie hierfür immer einen Fachanwalt bzw. eine Fachanwältin.

In Abschn. 8.1 finden Sie ein Muster für ein Vertragswerk mit Ihrem PCI. Bitte beachten Sie, dass es sich hier um den Aufbau eines beispielhaften Arbeitsvertrages handelt. Für die Rechtssicherheit übernimmt der Autor keine Haftung. Bitte konsultieren Sie bei der Erstellung ihres ersten PCI Arbeitsvertrages immer eine/n Rechtsanwalt/Rechtsanwältin für Arbeitsrecht. Beachten Sie dabei auch tarifrechtlichen Bestimmungen und konsultieren Sie immer Ihren Betriebsrat, falls vorhanden.

4.3 Arbeitszeiten

Die Vereinbarungen zu den Arbeitszeiten sind sehr individuell zu betrachten. Sie richten sich sehr stark nach der Größe der zu betreuenden Community, den definierten Zielen sowie dem Serviceanspruch Ihres Unternehmens. Orientieren Sie sich hier an den in Abschn. 1.5 genannten Kategorien.

Die Erfüllung der primären Aufgaben Ihres PCI ist grundsätzlich innerhalb eines regulären Arbeitszeitenmodells (Montag bis Freitag à 8 h) möglich. Jedoch gibt es zusätzliche Aufgaben, die einen Arbeitseinsatz auch an Wochenenden und gesetzlichen Feiertagen erfordern. Die Natur der Social Media erfordert eine schnelle Reaktion. Dies umfasst das schnelle Kommentieren und Beantworten von Direktnachrichten in den Social Media. Gleichzeitig muss auch am Wochenende Content veröffentlicht werden. Dieser kann vom PCI vorproduziert und geplant veröffentlicht werden.

Es erhöht die Authentizität Ihrer Marke, wenn der PCI zu jeder Zeit mit einer interpersonellen Kommunikation (zum Beispiel in Stories) reagiert – auch am Wochenende oder an Feiertagen. Ich empfehle Ihnen ein flexibles Arbeitszeitmodell mit Ihrem PCI zu vereinbaren. Dies werden wir anhand der Community-Größe und Ihrer Branche bzw. Ihrem Produkt definieren.

Tools erleichtern das terminierte Veröffentlichen von Contents wie zum Beispiel Story-Formate auf Instagram. Beachten Sie diese Erleichterungen bei der Aufwandsplanung.

Die Branche Ihrer Marke wirkt sich ebenfalls auf das Arbeitsmodell aus. So ist es zum Beispiel im Gastronomie- und Eventbereich erforderlich, dass der PCI an stark frequentierten Wochenenden, Bewegtbild-Formate mit Kunden und Teilnehmern produziert, unabhängig von der regulären Montag-bis-Freitag-Regelung. Ich nenne diese Branchen nachfolgend „flexible Branchen". Bei einer Vollzeitbeschäftigung gehe ich von einer 40-h-Woche aus. Bei Teilzeitbeschäftigungen kann

Tab. 4.1 Arbeitszeitmodell PCI

Größe Community	Mo-Fr	Sa	So/Feiertag
0–50.000	8–16 h	–	–
50.000–500.000	10–17:30 h	16–18:30 h	–
>500.000	12–19 h	14–18 h	17–18 h

die tägliche Arbeitszeit anteilig gekürzt werden. Es handelt sich um eine Orientierungshilfe, die individuell an Ihre Bedürfnisse und Anforderungen angepasst werden kann (Tab. 4.1).

Bitte beachten Sie, dass unter Umständen arbeitsrechtliche Zuschläge für Sonn- und Feiertagsarbeit gezahlt werden.

4.4 Vergütung

Wie in allen kreativen und künstlerischen Berufen, stehen sie mit der Festanstellung eines PCI im Wettbewerb mit einer freiberuflichen beziehungsweise selbstständigen Tätigkeit. Sie geben dem PCI Sicherheit in Form von sozialer Absicherung und einem festen monatlichen Einkommen. Wir orientieren uns bei der Vergütung des PCI am Social-Media-Manager und den weiteren artverwandten Berufen in PR und Kommunikation. Wenn Ihr Unternehmen an einen Tarifvertrag gebunden ist, orientieren Sie sich dementsprechend an den tarifvertraglichen Regelungen für eine ähnlich gelagerte Tätigkeit.

Ich empfehle, mit Ihrem PCI eine Grundvergütung sowie einen leistungsbezogenen Anteil zu vereinbaren. Die leistungsbezogenen Bestandteile der Vergütung werden anhand der vereinbarten Ziele und Zielerreichung bemessen. Hierbei bilden die Engagement-Rate, die Followerzahl und die Anzahl der produzierten Contents die Bemessungsgrundlage. Die Vergütung des PCI setzt sich wie in Tab. 4.2 zusammen:

Tab. 4.2 Zusammensetzung Vergütung PCI

Art	Anteil
Grundgehalt	70 %
Leistungsbezogene Anteile	30 %
Einmalzahlungen	Individuell

Tab. 4.3 Gehälter in Deutschland

Beruf	Minimum (€)	Maximum (€)	Ø
Social-Media-Manager	2387	3548	2968
Pressesprecher	3484	5323	4404
Mittelwerte	**2936**	**4436**	**3686**

4.4.1 Das Grundgehalt

Betrachtet man die Grundgehälter ähnlich gelagerter Berufe in Deutschland, so hängt die Höhe von folgenden Faktoren ab:

- Berufserfahrung und Alter
- Arbeitsort
- Geschlecht (leider, trotz Gesetz zur geschlechtlichen Gleichberechtigung)

Nach Angaben von gehalt.de gestalten sich die monatlichen Bruttogehälter in Deutschland wie folgt (Tab. 4.3):

Orientieren Sie sich an Ihrem Tarifvertrag und Ihren bisherigen Vergütungen für die beiden Berufsfelder in Ihrem Unternehmen bei der Bemessung des Grundgehalts und der jährlichen Einmalzahlungen wie Urlaubs- oder Weihnachtsgeld.

Ich empfehle Ihnen die Gestaltung der Grundvergütung mit Zu- und Abschlägen von bis zu 25 % zu den oben genannten Werten. Nutzen Sie zur Bewertung der Grundvergütung und der Zu- bzw. Abschläge die in Abschn. 3.6 ermittelten Werte der Bewerberanalyse.

Wir setzen für unsere weiteren Ausführungen ein Grundgehalt von monatlich 3600 € (brutto), also 43.200 € Jahres-Bruttogehalt an.

4.4.2 Leistungsbezogene Vergütung

Bei der Bemessung der leistungsbezogenen Bestandteile der Vergütung Ihres PCI legen wir die Zielerreichungsgrade der in Abschn. 4.8 definierten Ziele zugrunde. Wir bilden drei Kernbereiche, die eine zusätzliche Vergütung ermöglichen.

1. **Interaktion:** Wenn der PCI eine hohe Interaktionsrate im relevanten Kanal Ihrer Marke erreicht, wird eine Vergütung in Höhe von 10 % des Jahres-Bruttogehalts ausgezahlt. In der Zielvereinbarung werden der relevante Kanal sowie die zu erreichende Interaktionsrate definiert.

2. **Community:** Das Ziel des PCI ist das konstante Wachstum qualitativ hochwertiger Follower. Erreicht der PCI die in der Zielvereinbarung definierte Followerzahl am Stichtag, erhält er 15 % des Jahres-Bruttogehalts als Einmalzahlung.

3. **Content:** Eine konstante Veröffentlichung relevanter Contents in hoher Frequenz, die in der Zielvereinbarung quantitativ definiert ist, ermöglicht dem PCI den Erhalt einer zusätzlichen Vergütung in Höhe von 5 % des Jahres-Bruttogehalts.

Das Jahres-Bruttogehalt Ihres PCI beträgt im Höchstfall somit:

- Grundgehalt: 43.200 €
- Plus Interaktions-Vergütung: 4320 €
- Plus Community-Vergütung: 6480 €
- Plus Content-Vergütung: 2160 €
- **Summe: 56.160 €**

Hinzu kommen bei Bedarf einmalige Sonderzahlungen wie Urlaubs- und/oder Weihnachtsgeld.

In Abschn. 8.2 finden Sie ein Muster für eine Zusatzvereinbarung über leistungsabhängige Vergütung mit Ihrem PCI. Bitte beachten Sie, dass es sich hier um den Aufbau einer beispielhaften Vereinbarung handelt. Für die Rechtssicherheit übernimmt der Autor keine Haftung. Bitte konsultieren Sie bei der Erstellung ihrer ersten PCI Zusatzvereinbarung immer eine/n Rechtsanwalt/Rechtsanwältin für Arbeitsrecht. Beachten Sie dabei auch tarifrechtlichen Bestimmungen und konsultieren Sie immer Ihren Betriebsrat.

Erarbeiteter Mediawert

Durch einen PCI erarbeiten Sie sich einen Media-Wert in Relation zu Ihrer Reichweite in Ihren Social-Media-Kanälen. Der Mediawert sagt aus, wie viel Sie investieren müssten, um die Reichweite von einem externen Influencer oder Anbieter einzukaufen. Setzen Sie diesen Mediawert in Relation zu den Gehaltskosten. Mit steigender Größe der Community steigt der TKP und damit der Mediawert Ihres PCI.

Tab. 4.4 Mediawert pro Post

Cluster Nr	Ø Reichweite pro Post	TKP (€)	Mediawert pro Post (€)
1	50.000	25	1250
2	150.000	50	7500
3	500.000	100	50.000

Tab. 4.5 Mediawert pro Jahr

Cluster	156 Posts/Jahr (€)	260 Posts/Jahr (€)	550 Posts/Jahr (€)
1	195.000	325.000	687.000
2	1.170.000	1.950.000	4.125.000
3	7.800.000	13.000.000	27.500.000

Die Beispielrechnung in Tab. 4.4 zeigt einen ungefähren Mediawert bei linearen Reichweiten. In der Praxis nehmen Sie Ihre tatsächlichen Reichweiten, die in der Regel stark schwanken, als Grundlage.

Multiplizieren Sie den Mediawert entsprechend der Anzahl Ihrer Veröffentlichungen (Posts) pro Jahr, um einen Vergleichswert zu Ihren Gehaltszahlungen zu erhalten (s. Tab. 4.5).

Der Vergleich zeigt aus betriebswirtschaftlicher Sicht, dass sich ein Investment in einen PCI bezahlt macht.

4.5 Nutzungs-, Urheber- und Persönlichkeitsrechte

Kommen wir nun zu den wichtigsten rechtlichen Voraussetzungen. Bitte beachten Sie, dass es sich hierbei um keine Rechtsberatung handelt und ich keine Haftung für die Aussagen übernehme. Meine Ausführungen spiegeln meine umfangreichen Erfahrungswerte wider. Konsultieren Sie im Einzelfall immer einen Anwalt, der Ihnen eine juristisch verbindliche und aktuelle Auskunft zu allen rechtlichen Themen geben kann.

4.5.1   Nutzungsrecht

Der Schöpfer und Urheber eines kreativen Werkes kann bestimmen, ob und in welchem Umfang seine Werke genutzt werden dürfen. Gerade bei der gewerblichen Nutzung von Werken gibt es einiges zu beachten. Der Urheber kann die Nutzung wie folgt bestimmen:

- Dauer: Für welche Zeit darf die Marke das Werk nutzen?
- Räumlichkeit: Für welche Medien und Kanäle darf das Werk genutzt werden (z. B. Social Media, Print, TV, Homepage …)?
- Versagen: Der Urheber kann die Nutzung auch komplett verbieten.

Der PCI produziert und erstellt kreative Inhalte im Rahmen seines Arbeitsverhältnisses mit Ihrem Unternehmen. Im Arbeitsvertrag (siehe Abschn. 4.2) haben wir verankert, dass Ihre Marke für alle Werke, die der PCI erstellt, ein zeitlich und räumlich unbegrenztes, übertragbares (entgeltlich und unentgeltliches) Recht zur Nutzung und Verwertung hat. Damit schließen wir aus, dass im Falle eines Streits und/oder Kündigung des Beschäftigungsverhältnisses der PCI die Nutzung seiner Contents der Marke einschränkt oder untersagt.

4.5.2   Urheberrecht

Jeder Schöpfer eines Werkes ist gleichzeitig der Urheber. Das regelt §7 des Urheberrechtsgesetztes (UrhG). So ist zum Beispiel ein Fotograf Urheber eines Bildes oder Videos, das er aufgenommen hat. Ein Grafikdesigner, der ein Logo oder eine Grafik erstellt hat, ist dessen Urheber.

Ein Urheber hat immer das Recht auf Selbstbestimmung, wie sein Werk von Dritten verwendet wird. Er kann die Nutzung nur gegen Vergütung zu lassen, zeitlich, örtlich oder räumlich beschränken und die Veräußerung und Verwertung bestimmen. Eine örtliche beziehungsweise räumliche Beschränkung bezieht sich zum Beispiel auf Kanäle (Social Media, TV, Print) und Länder.

Im Arbeitsvertrag (siehe Abschn. 4.2) haben wir dazu die Bestimmungen des §43 UrhG entsprechend berücksichtigt und geregelt, dass es sich bei den Werken des PCI um ein Pflichtwerk im Rahmen eines abhängigen, weisungsgebundenen Arbeitsverhältnisses handelt. Ebenfalls dort festgehalten ist, dass sämtliche Nutzungsrechte an den Werken des PCI vollständig auf den Arbeitgeber übertragen werden. Fehlen solche Vereinbarungen im Arbeitsvertrag, kann es nach Austritt des PCI zu Unstimmigkeiten und Streit hinsichtlich der Nutzung der PCI-Contents kommen.

Studieren Sie die Nutzungsbedingungen der sozialen Netzwerke sehr genau. So lassen sich zum Beispiel YouTube und Co. auf sämtliche hochgeladene Inhalte eine fast grenzenlose Lizenz der Werke einräumen. Diese Nutzungsbedingungen haben Sie beim Anlegen eines Accounts akzeptiert. Damit räumen Sie diese Nutzungsrechte dem sozialen Netzwerk in der Regel übertragbar, unterlizenzierbar, gebührenfrei und weltweit ein. Wenn Sie einen externen Dienstleister für eine Videoproduktion beauftragen, lassen Sie sich diese Reche für das Video einräumen.

Auch das einfache „Teilen" eines Bildes in Ihrem Feed erfordert, dass Sie die Rechte an den gezeigten Bildern und Inhalten besitzen. Holen Sie sich für das Teilen also immer die Lizenz beim Urheber ein.

Externe Inhalte

Nutzt der PCI externe Inhalte wie zum Beispiel Bilder, Musik oder Videos, so müssen auch hier entsprechende Nutzungsrechte erworben werden. Jedes Werk ist urheberrechtlich geschützt. Achten Sie dabei auf die genaue Verwertung (Dauer, Kanal etc.). Grundsätzlich empfehle ich selbst produzierte Werke, also selbst produzierte Foto- oder Videoaufnahmen zu verwenden. Ebenso eignen sich Bilder, die eine „Creative-Common (CC)"-Lizenz besitzen, wenn die weiteren Bedingungen dieser Bildnutzungen berücksichtigt werden (z. B. Namensnennung, keine Bearbeitung, keine gewerbliche Nutzung).

Kooperationen mit anderen Marken

Es wird vorkommen, dass Ihr PCI von anderen Marken gebucht wird und für diese Contents produziert. Details zu diesem Geschäftsmodell habe ich in Abschn. 6.3 aufgeführt. In diesem Fall werden für alle Bild- und Videoaufnahmen die entsprechenden Nutzungs- und Verwertungsrechte von Ihrem Kooperationspartner vertraglich vereinbart und käuflich erworben. Diesen Rechtekauf nennt man auch „Buy outs".

Musikalische Werke stehen ebenfalls unter dem Schutz des Urheberrechts. Hier sind noch weitere Schutzrechte wie zum Beispiel die GEMA zu beachten.

4.5.3 Persönlichkeitsrechte

Das Persönlichkeitsrecht ist ein Grundrecht, das dem Schutz der Persönlichkeit einer Person vor Eingriffen in ihren Lebens- und Freiheitsbereich dient. Auch Unternehmen oder Marken haben Persönlichkeitsrechte. Nachfolgend befassen wir uns mit den betreffenden Bereichen des Persönlichkeitsrechts.

Das Recht am eigenen Bild
Ein häufiger Streitfall ist die Veröffentlichung von Fotos oder Videos von Personen, auch bekannt als das Recht am eigenen Bild. Die gesetzliche Grundlage ist das Urheberrecht an Werken der bildenden Künste oder Fotografie (KUG). So sagt §22 KUG aus, dass die abgebildeten Personen auf Fotos, welche veröffentlicht werden, ihr vorheriges Einverständnis zur Veröffentlichung voraussetzen. Ausnahmen dieser Regelung sind:

- Bilder aus dem Bereich der Zeitgeschichte (z. B. Politiker, Schauspieler)
- Personen als Beiwerk (z. B. Foto eines Gebäudes, neben dem eine Person steht)
- Bilder von öffentlichen Versammlungen (z. B. Demonstrationen, Kirmes)

Wenn Sie auf Contents oder Videos Personen oder Marken zeigen, sind Sie auf der sicheren Seite, wenn Sie im Voraus immer eine schriftliche Genehmigung dieser Person(en) und Marken einholen, damit Sie ihr Bild veröffentlichen und nutzen dürfen. Das empfehle ich ebenfalls, wenn der PCI Personen aus der Community in Contents verwendet (formatunabhängig) oder teilt.

Anders verhält es sich, wenn der PCI in der Öffentlichkeit, also beispielsweise bei öffentlichen Veranstaltungen produziert oder wenn Personen nur Beiwerk der Aufnahme sind. Veröffentlichen Sie Aufnahmen von Personen, deren Genehmigung Sie nicht eingeholt haben, kann die abgebildete Person von ihrem Persönlichkeitsrecht Gebrauch machen und Ihnen die weitere Verwendung verbieten („Unterlassungserklärung").

Alle diese Persönlichkeitsrechte können Sie ebenfalls für Ihre eigene Marke beanspruchen.

▶ **Tipp** Lassen Sie auch vor der Veröffentlichung von Mitarbeiterbildern immer ein schriftliches Einverständnis zur Veröffentlichung in allen Kommunikationsmedien von den betreffenden Personen unterschreiben.

Unwahre Tatsachenbehauptung
Bei Dialogen in Ihren Social-Media-Kanälen spielt das Persönlichkeitsrecht ebenfalls eine erhebliche Rolle. Darf ein Nutzer wirklich alles in den sozialen Netzwerken schreiben und veröffentlichen? Grundsätzlich kann man sagen ja, denn es gilt das Recht auf freie Meinungsäußerung. Hierunter fallen wahre Tatsachenbehauptungen und rechtmäßige Werturteile.

Doch auch hier gibt es Grenzen. Falsche Tatsachenbehauptungen, Schmähkritik und Beleidigungen sind auch in sozialen Netzwerken nicht erlaubt und verstoßen gegen Persönlichkeitsrechte. Ebenso kann die Veröffentlichung von Betriebsgeheimnissen rechtswidrig sein. Maßgeblich für eine Beurteilung ist, ob die Wahrung der Persönlichkeitsrechte Ihres Unternehmens oder Ihrer Mitarbeiter oder das Interesse der Öffentlichkeit überwiegen. Hier muss jeder Einzelfall sehr genau betrachtet und beurteilt werden.

Beispiel

Jemand schreibt, dass sie die Person X an einem bestimmten Tag in München gesehen hat. Person X war aber zu diesem Zeitpunkt nachweislich in Essen. Es handelt sich also um eine unwahre Tatsachbehauptung, die rechtswidrig ist und gelöscht werden muss, wenn der Rechteinhaber diese geltend macht. Ebenso sind Beleidigungen, Beschimpfungen, Verunglimpfungen, Anschwärzen und Schmähkritik nicht rechtens.

Der Rechteinhaber, der seine Rechte bei Ihrer Marke geltend macht, kann eine einstweilige Verfügung erlassen. Er muss zunächst das soziale Netzwerk über den Rechtsverstoß informieren. Das soziale Netzwerk ist dann verpflichtet, Sie als Kanal-Owner über den Rechtsverstoß zu informieren und eine Löschung zu veranlassen. Sie müssen in diesem Fall aktiv werden, sonst haften Sie unter Umständen für diesen Verstoß („Störerhaftung").

Umgekehrt können Sie von Ihrem Persönlichkeitsrecht Gebrauch machen, wenn Dritte falsche Tatsachenbehauptungen in Ihren Kanälen oder fremden Kanälen veröffentlicht. Ist Ihnen der Verfasser nicht bekannt, können Sie den Betreiber des sozialen Netzwerks in die sogenannte „Störerhaftung" setzen. Wird ein Netzwerkbetreiber von einem solchen rechtswidrigen Eintrag in Kenntnis gesetzt, muss der Betreiber des Netzwerks seinen Nutzer kontaktieren und eine Stellungnahme einholen. Reagiert der Nutzer nicht, muss das Netzwerk den Eintrag löschen.◄

Auch die Weiterverbreitung solcher rechtswidrigen Inhalte kann zu Problemen führen. So wird rechtlich in manchen Fällen das „Teilen" oder sogar „Liken" ohne gegenteiliges Kommentieren als Annahme der Aussage gedeutet. Was sind die Folgen?

Kommt es zu einer rechtswidrigen Darstellung, kann der Geschädigte folgende Maßnahmen verlangen:

* Löschung des Beitrags
* Unterlassung der Veröffentlichung für die Zukunft
* Erstattung der Anwaltskosten
* Auskunft zu Verletzungshandlungen in der Vergangenheit
* Widerruf der unwahren Berichterstattung durch das Medium
* Schadenersatz für verschuldete materielle Schäden
* Veröffentlichung einer Gegendarstellung des Betroffenen
* Geldentschädigung bei besonders schweren Verletzungen des Persönlichkeitsrechts

Aufgabe[1]
Wobei handelt es sich um eine Tatsachenbehauptung und wobei um ein Werturteil?
1. Das Wetter ist schlecht.
2. Die haben mich um 5000 € betrogen.
3. Es schneite in Hamburg.
4. Das Essen schmeckte schlecht.
5. Der Fisch war verdorben.

Individuelle Rechtsprechung
Bei der rechtlichen Beurteilung ist jeder Einzelfall im Detail zu betrachten. Droht ein Rechtsstreit, empfiehlt es sich immer, einen Juristen zu Rate zu ziehen. Er kennt die aktuelle Rechtslage und beurteilt Ihren Einzelfall anhand der aktuellen Rechtsprechung. Der Abruf einer Abmahnung ist in

---

[1]Auflösung: 1. Werturteil, 2. Tatsachenbehauptung, 3. Tatsachenbehauptung, 4. Werturteil, 5. Tatsachenbehauptung.

ganz Deutschland möglich, sodass jedes Landgericht innerhalb der Bundes-republik Deutschland örtlich zuständig ist. Da sich ein Abmahner das für ihn örtlich zuständige Gericht frei aussuchen kann, spricht man von einem „fliegenden" Gerichtsstand.

4.5.4 Datenschutzbestimmungen

Die DSGVO (Datenschutz Grundverordnung) hat für viele Anforderungen bei der Verwendung personenbezogener Daten gesorgt. An jedem Touchpoint, an dem Sie personenbezogene Daten erheben, speichern oder nutzen, sind die strengen Bestimmungen der DSGVO zu beachten.

Verschiedene soziale Netzwerke wie zum Beispiel Facebook und Twitter bieten die Einbindung von Social Plugins. Diese Plugins werden in Ihre Homepage, Ihren Blog oder Ihr Forum im Quellcode integriert. Das am meisten verwendete Plugin ist der „Like" Button von Facebook. Binden Sie ein solches Plugin in Ihre Internetseite ein, wird beim Aufruf Ihrer Seite im Hintergrund eine Verbindung zu Facebook aufgebaut. Das soziale Netzwerk empfängt dann personenbezogene Daten des Besuchs (Webadresse, IP-Adresse, Mitgliedsnummer des Besuchers usw.). Es werden also personenbezogene Daten an Facebook übermittelt, obwohl der Nutzer keine aktive Einwilligung dazu gegeben hat.

Eine Ergänzung Ihres Impressums um die Verwendung von Social Plugins ist unbedingt angeraten. Alternativ können Sie einen Link zu Ihrer Facebook-Seite einbinden, dann erfolgt kein Aufbau einer Datenverbindung. Eine weitere Möglichkeit ist der Einbau eines Zwischenklicks. Klickt der Nutzer z. B. auf den Like-Button, erscheint zuerst ein Info-Fenster mit einem Infotext und einem Call-to-Action Button. Es ist eine Information enthalten, welche Daten durch den Klick auf den Call-to-Action übermittelt werden. Erst wenn der Besucher auf diesen Call-to-Action Button klickt, erfolgt die Verbindung zum sozialen Netzwerk.

Ergänzen Sie Ihr Impressum um die Datenschutzbestimmungen für den Facebook Like-Button. Hier eine Beispielformulierung:

Beispielformulierung Facebook Plugins

Auf diesen Internetseiten sind Plugins des sozialen Netzwerks Facebook, 1601 South California Avenue, Palo Alto, CA 94304, USA integriert. Die Facebook-Plugins erkennen Sie am Facebook-Logo oder dem „Like-Button" („Gefällt mir") auf dieser Seite. Eine Übersicht über die Facebook-Plugins finden Sie unter https://developers.facebook.com/docs/plugins/.

Wenn Sie diese Seiten besuchen, wird über das Plugin eine direkte Verbindung zwischen Ihrem Internetbrowser und dem Facebook-Server hergestellt. Facebook erhält dann die Informationen, dass Sie mit Ihrer IP-Adresse diese Seite besucht haben. Wenn Sie den Facebook „Like-Button" anklicken, während Sie in Ihrem Facebook-Account angemeldet sind, können Sie Inhalte dieser Seiten mit Ihrem Facebook-Profil verknüpfen. Damit ordnet Facebook den Besuch dieser Seiten Ihrem Benutzerkonto zu. Wir weisen Sie darauf hin, dass wir als Anbieter dieser Seiten keine Kenntnis vom Inhalt der übermittelten Daten sowie deren Nutzung durch Facebook erhalten. Weitere Informationen hierzu finden Sie in der Datenschutzerklärung von Facebook unter https://de-de.facebook.com/policy.php

Wenn Sie nicht möchten, dass Facebook den Besuch dieser Seiten Ihrem Facebook-Nutzerkonto zuordnet, melden Sie sich bitte aus Ihrem Facebook-Konto ab.

4.6   Rechte an den Konten

Stellen Sie sich folgende Situation vor: Ihr PCI baut unter seinem eigenen Namen im Auftrag Ihrer Marke einen Kanal und eine große Community auf. Nun kommt es zu Streitigkeiten und einer Verletzung des Vertrauensverhältnisses zwischen Ihnen und dem PCI. Das Beschäftigungsverhältnis wird beendet. Was passiert nun mit Ihren Konten in den sozialen Netzwerken?

Was wäre, wenn Ihr PCI die Zugangsdaten der sozialen Netzwerkkonten ändert, Ihnen dies nicht mitteilt und die Community inklusive Konto weiter nutzen möchte? Genau um das zu vermeiden, ist es von hoher Bedeutung, die rechtlichen Rahmenbedingungen im Vorfeld des Beschäftigungsverhältnisses schriftlich zu vereinbaren.

Grundsätzlich sind Sie der Eigentümer aller Social-Media-Kanäle und - Konten, die im Rahmen des weisungsgebundenen und abhängigen Beschäftigungsverhältnisses von Ihrem PCI betreut und aufgebaut wurden. Wird das Beschäftigungsverhältnis beendet, können Sie von diesem Recht Gebrauch machen.

Sorgen Sie vorbeugend dafür, dass Ihnen die Zugangsdaten schon während des Beschäftigungsverhältnisses zu jeder Zeit bekannt sind. Stellen Sie in den sozialen Netzwerken E-Mail-Benachrichtigungen ein. Diese informieren Sie, sobald die Zugangsdaten geändert werden. Lassen Sie diese Benachrichtigungen immer an eine Sammel-E-Mail-Adresse schicken, auf die mehrere Personen im Unternehmen Zugriff haben.

Um Unklarheiten zu vermeiden, nutzen wir eine eigenständige Zusatzvereinbarung und Anlage zum Arbeitsvertrag. Sie können den Passus auch in den Arbeitsvertrag integrieren. Hierin definieren wir:

- Eigentümer und Inhaber der Social-Media-Konten ist die Marke (der Arbeitgeber).
- Dieses Eigentumsrecht beinhaltet alle Follower der jeweiligen Kanäle.
- Im Falle eines Ausscheidens beziehungsweise einer Beendigung des Beschäftigungsverhältnisses erfolgen keine Abwerbungsmaßnahmen durch den PCI, die die Follower der Marke zu einem Wechsel auf einen anderen Kanal zu animieren.
- Diese Abwerbungsmaßnahmen dürfen auch nicht durch Dritte im Auftrag des PCI erfolgen.
- Sämtliche Zugangsdaten zu den Social-Media-Konten sind der Marke jederzeit zugänglich zu machen, auch nach Beendigung des Beschäftigungsverhältnisses.
- Wenn möglich, nehmen Sie die exakte Bezeichnung beziehungsweise die Kontonamen der einzelnen Marken-Accounts mit in die Vereinbarung auf. Ergänzen und erweitern Sie die Vereinbarung, wenn neue Kanäle der Marke hinzukommen.

In Kap. 8 finden Sie ein Muster für eine Zusatzvereinbarung mit Ihrem PCI. Bitte beachten Sie, dass es sich hier um den Aufbau einer beispielhaften Vereinbarung handelt. Für die Rechtssicherheit übernimmt der Autor keine Haftung. Bitte konsultieren Sie bei der Erstellung Ihrer Vereinbarungen immer eine/n Rechtsanwalt/Rechtsanwältin für Arbeitsrecht. Beachten Sie dabei auch tarifrechtlichen Bestimmungen und konsultieren Sie immer Ihren Betriebsrat.

4.7   Wettbewerbsrechte

Als Marke sind Sie verpflichtet, sich fair und ehrlich gegenüber Ihren Markt-
begleitern, den Verbrauchern und der Allgemeinheit zu verhalten. Gleichzeitig
muss ihr PCI im Rahmen seines Arbeitsverhältnisses einige wettbewerbsrechtliche Bedingungen erfüllen. In diesem Abschnitt betrachten wir das Gesetz
gegen den unlauteren Wettbewerb (UWG) sowie weitere wettbewerbsrechtliche
Voraussetzungen, die wir im Arbeitsvertrag des PCI verankern.

Ihr PCI steht immer in einem abhängigen Beschäftigungsverhältnis und erfüllt
weisungsgebunden Ihre Aufgaben hinsichtlich der Kommunikation Ihrer Marke.
Die Kommunikation des PCI ist aus diesem Grund wie eine direkte Kommunikation der Marke zu betrachten. Beachten Sie daher die Voraussetzungen des
UWG.

4.7.1   Besondere Branchen

In einigen Branchen gibt es strengere Voraussetzungen bei der Werbekennzeichnung.

Arzneimittel
Werbeaussagen zu Arzneimitteln unterliegen strengeren Reglementierungen durch
das Gesetz über die Werbung auf dem Gebiete des Heilwesens – Heilmittelwer-
begesetz (HWG). Menschen, die sich in einer gesundheitsbedingt misslichen Lage
befinden, schenken Werbung zu Arzneimitteln besonders leicht ihren Glauben. Des
Weiteren verstärkt diese Leichtgläubigkeit das allgemein höhere Vertrauen in die
Berufe des Gesundheitswesens. Daher sind in der werblichen Kommunikation bei
Arzneimitteln folgende Besonderheiten zu beachten:

- Keine falschen Aussagen zur Heilwirkung
- Keine Werbung an Kinder unter 14 Jahren
- Beachtung von Preisbindungen
- Einhaltung gesicherter wissenschaftlicher Erkenntnisse bei Aussagen zur Wir-
  kungsweise
- Keine Gewinnspiele oder Verlosungen
- Weitere Kennzeichnungspflichten zur Konsultierung eines Arztes oder Apothe-
  kers

Automotive

In der Automobilbranche greifen besondere Kennzeichnungspflichten zum Verbrauch der Fahrzeuge. So müssen bei allen abgebildeten Kraftfahrzeugen, die sich aktuell im Verkauf befinden, die genormten Verbrauchsangaben nach WLTP (Worldwide Harmonized Light-Duty Vehicles Test Procedure) dargestellt werden (VDA 2020).

Glückspiel

Werbung von Glücksspielen wird in Deutschland durch den Staatsvertrag zum Glücksspielwesen in Deutschland (kurz Glücksspielstaatsvertrag oder GlüStV) reguliert. Er soll die Glücksspielsucht verhindern, das Glücksspielangebot in überwachte Bahnen lenken sowie den Jugend- und Spielerschutz gewährleisten. Bei Contents von Glückspielanbietern müssen daher besondere Hinweise zur Spielsucht angebracht werden.

Wenn Sie in einer dieser Branchen tätig sind, weisen Sie Ihren PCI in die individuellen Voraussetzungen zur Beachtung der verschiedenen geltenden Gesetze ein.

4.7.2 Vergleichende Werbung

Sie dürfen sich nicht herablassend oder vergleichend über Mitbewerber und Marktteilnehmer äußern. Auch der direkte Vergleich mit einem Wettbewerber ist nicht erlaubt. Anders verhält es sich bei redaktionellen Contents unabhängiger Creators, in denen Produkte mehrerer Wettbewerber getestet und verglichen werden. Hierbei handelt es sich um einen redaktionellen Inhalt, in dem die Vor- und Nachteile eines Produkts sachlich und konstruktiv erläutert werden.

Da Ihr PCI von Natur aus nicht unabhängig arbeitet, sind seine Contents nicht als redaktionell zu betrachten. Er steht immer in einem abhängigen Beschäftigungsverhältnis und erfüllt weisungsgebunden Ihre Aufgaben zur Kommunikation der Marke. Beachten Sie daher die Voraussetzungen des UWG zur vergleichenden Werbung.

§ 6 UWG: Vergleichende Werbung

1. Vergleichende Werbung ist jede Werbung, die unmittelbar oder mittelbar einen Mitbewerber oder die von einem Mitbewerber angebotenen Waren oder Dienstleistungen erkennbar macht.
2. Unlauter handelt, wer vergleichend wirbt, wenn der Vergleich
   1. sich nicht auf Waren oder Dienstleistungen für den gleichen Bedarf oder dieselbe Zweckbestimmung bezieht,
   2. nicht objektiv auf eine oder mehrere wesentliche, relevante, nachprüfbare und typische Eigenschaften oder den Preis dieser Waren oder Dienstleistungen bezogen ist,
   3. im geschäftlichen Verkehr zu einer Gefahr von Verwechslungen zwischen dem Werbenden und einem Mitbewerber oder zwischen den von diesen angebotenen Waren oder Dienstleistungen oder den von ihnen verwendeten Kennzeichen führt,
   4. den Ruf des von einem Mitbewerber verwendeten Kennzeichens in unlauterer Weise ausnutzt oder beeinträchtigt,
   5. die Waren, Dienstleistungen, Tätigkeiten oder persönlichen oder geschäftlichen Verhältnisse eines Mitbewerbers herabsetzt oder verunglimpft oder
   6. eine Ware oder Dienstleistung als Imitation oder Nachahmung einer unter einem geschützten Kennzeichen vertriebenen Ware oder Dienstleistung darstellt.

(UWG 2004)

Paragraph 6 UWG lässt also eine Einbeziehung von Waren oder Dienstleistungen Ihrer Wettbewerber in einigen Fällen zu (siehe Absatz 2 Nr. 2). Nutzt der PCI Inhalte von Wettbewerbern, lassen Sie diese Contents sicherheitshalber von einem Juristen vor Veröffentlichung im Hinblick auf Paragraph 6 UWG überprüfen.

4.7.3   Irreführende Werbung

Ein beworbenes Produkt oder eine beworbene Dienstleistung müssen klar und verständlich deklariert und kommuniziert werden. Wird zum Beispiel ein Preis beworben, so müssen zusätzliche Bedingungen und Voraussetzungen wie einhergehende Abos oder „Vertragsfallen" ebenfalls innerhalb des Werbeangebots kommuniziert werden.

§ 5 UWG: Irreführende geschäftliche Handlungen

1. Unlauter handelt, wer eine irreführende geschäftliche Handlung vornimmt, die geeignet ist, den Verbraucher oder sonstigen Marktteilnehmer zu einer geschäftlichen Entscheidung zu veranlassen, die er andernfalls nicht getroffen hätte.

Eine geschäftliche Handlung ist irreführend, wenn sie unwahre Angaben enthält oder sonstige zur Täuschung geeignete Angaben über folgende Umstände enthält:

1. die wesentlichen Merkmale der Ware oder Dienstleistung wie Verfügbarkeit, Art, Ausführung, Vorteile, Risiken, Zusammensetzung, Zubehör, Verfahren oder Zeitpunkt der Herstellung, Lieferung oder Erbringung, Zwecktauglichkeit, Verwendungsmöglichkeit, Menge, Beschaffenheit, Kundendienst und Beschwerdeverfahren, geographische oder betriebliche Herkunft, von der Verwendung zu erwartende Ergebnisse oder die Ergebnisse oder wesentlichen Bestandteile von Tests der Waren oder Dienstleistungen;

2. den Anlass des Verkaufs wie das Vorhandensein eines besonderen Preisvorteils, den Preis oder die Art und Weise, in der er berechnet wird, oder die Bedingungen, unter denen die Ware geliefert oder die Dienstleistung erbracht wird;

3. die Person, Eigenschaften oder Rechte des Unternehmers wie Identität, Vermögen einschließlich der Rechte des geistigen Eigentums, den Umfang von Verpflichtungen, Befähigung, Status, Zulassung, Mitgliedschaften oder Beziehungen, Auszeichnungen oder Ehrungen, Beweggründe für die geschäftliche Handlung oder die Art des Vertriebs;

4. Aussagen oder Symbole, die im Zusammenhang mit direktem oder indirektem Sponsoring stehen oder sich auf eine Zulassung des Unternehmers oder der Waren oder Dienstleistungen beziehen;

5. die Notwendigkeit einer Leistung, eines Ersatzteils, eines Austauschs oder einer Reparatur;

6. die Einhaltung eines Verhaltenskodexes, auf den sich der Unternehmer verbindlich verpflichtet hat, wenn er auf diese Bindung hinweist, oder

7. Rechte des Verbrauchers, insbesondere solche aufgrund von Garantieversprechen oder Gewährleistungsrechte bei Leistungsstörungen.

2. Eine geschäftliche Handlung ist auch irreführend, wenn sie im Zusammenhang mit der Vermarktung von Waren oder Dienstleistungen einschließlich vergleichender Werbung eine Verwechslungsgefahr mit einer anderen Ware oder Dienstleistung oder mit der Marke oder einem anderen Kennzeichen eines Mitbewerbers hervorruft.
3. Angaben im Sinne von Absatz 1 Satz 2 sind auch Angaben im Rahmen vergleichender Werbung sowie bildliche Darstellungen und sonstige Veranstaltungen, die darauf zielen und geeignet sind, solche Angaben zu ersetzen.
4. Es wird vermutet, dass es irreführend ist, mit der Herabsetzung eines Preises zu werben, sofern der Preis nur für eine unangemessen kurze Zeit gefordert worden ist. Ist streitig, ob und in welchem Zeitraum der Preis gefordert worden ist, so trifft die Beweislast denjenigen, der mit der Preisherabsetzung geworben hat.

(UWG 2004)

4.7.4   Unzumutbare Belästigungen

Als unzumutbare Belästigung zählen zum Beispiel unaufgeforderte Telefonanrufe, Spam E-Mails und Newsletter. Werbliche Telefonanrufe von Unternehmen an Privatkunden sind ohne Einwilligung der Empfänger nicht erlaubt. Dies ist in §7 des „Gesetz gegen unlauteren Wettbewerb (UWG)" verankert. Das Telemediengesetz (TMG) regelt die rechtlichen Rahmenbedingungen für digitale Medien. So schreibt das TMG vor, das für ein Abonnement eines Newsletters das Double-opt-in-Verfahren erforderlich ist. Dabei muss der Endkunde doppelt bestätigen, dass er einen Newsletter abonnieren möchte.

4.7.5   Kennzeichnungspflichten

Damit die Empfänger Ihrer Contents unterscheiden können, ob es sich bei Ihrem Inhalt um Werbung (also ein Unternehmen der Absender ist) oder redaktionelle Beiträge handelt, hat der Gesetzgeber die Kennzeichnungspflicht von Postings in den Social Media eingeführt. Hier soll der Verbraucher geschützt werden und die sogenannte Schleichwerbung unterbunden werden. Schleichwerbung ist

„getarnte" Werbung, die als solche für den Endverbraucher nicht ersichtlich ist. Beachten Sie hierzu folgende Punkte: Beim Einsatz eines PCI ist maßgeblich, wie der Kanalname gewählt wird. Kann der Endverbraucher offensichtlich erkennen, dass es sich um Ihren Markenkanal handelt, ist keine Werbekennzeichnung der einzelnen Postings des PCI erforderlich.

Stellen Sie daher sicher, dass die Kommunikation des PCI immer in Bezug zu Ihrer Marke erkennbar ist. Dies erreichen Sie über folgende Mechaniken:

- Wählen Sie einen Kanalnamen, der eindeutig Ihre Marke enthält.
- Wenn Sie als Kanalname den Namen des PCI verwenden, ergänzen Sie im Kanalnamen Ihre Marke.
- Lösen Sie in der Kanalbeschreibung eindeutig auf, dass der PCI in Ihrem Auftrag handelt und den Markenkanal repräsentiert. Nutzen Sie hierfür das Beschreibungsfeld des Kanals (Bio bei Instagram, Profil bei TikTok, Beschreibungsfeld bei Facebook usw.).
- Nutzen Sie in Ihrem Profilbild beziehungsweise Kanalbild Ihr Marken-Logo.
- Binden Sie Ihr Marken Logo möglichst in alle Contents ein.

Wenn Sie diese Voraussetzungen beachten, ist nach meiner Auffassung keine Kennzeichnungspflicht für jeden einzelnen Post des PCI erforderlich. Doch sicherlich werden sich mit dem Thema Kennzeichnungspflicht von PCIs zukünftig noch einige Gerichte beschäftigen.

Beispiel

Ihr PCI (Nina Friedrich) repräsentiert Ihre Marke Happy Gummibärs. Das Logo ist neben dem Gesicht Ihres PCI in alle Kanalmedien eingebunden. Die Marke wählt folgende Einstellungen bei Instagram:

Kanalname	Text Bio	Kennzeichnungspflicht
nina.happy.gummibaers	Ich bin Nina Friedrich und arbeite bei Happy Gummibärs. In diesem Kanal bin ich dein Ansprechpartner für alle Themen rund um unsere leckeren Produkte	Nein
happy.gummibaers	Dies ist der offizielle Kanal von Happy Gummibaers mit Nina	Nein
nina.friedrich	Ich bin Nina und habe tolle süße Leckereien für Dich	Ja

Kanalname	Text Bio	Kennzeichnungspflicht
nina.123	In diesem Kanal gibt es tolle süße Rezepte und Tipps für leckeren Genuss	Ja

Besteht eine Kennzeichnungspflicht, muss jeder einzelne Content in allen Formaten mit dem Zusatz „Werbung" klar ersichtlich gekennzeichnet werden. ◄

Kooperationen
Sie sind verpflichtet, bei sämtlichen Contents, die von Kooperationspartnern gesponsert wurden, die Kennzeichnung „Anzeige" oder „Werbung" anzubringen – unabhängig davon, ob für die Postings direkt oder indirekt bezahlt wurde. Eine indirekte Bezahlung liegt vor, wenn für die Veröffentlichung des Contents in Ihrem Kanal eine Gegenleistung Ihres Kooperationspartners (immateriell) erbracht wird. Beispiel: Ihr PCI bezieht Ihren Kooperationspartner durch Nennung oder Verlinkung in seinen Content ein und im Gegenzug wird Content im Kanal Ihres Kooperationspartners veröffentlicht. In diesem Fall ist eine Werbekennzeichnung erforderlich.

Impressumspflicht
Auch im Social Web gilt eine Impressumspflicht nach §5 Telemediengesetz (TMG 2007), konform zu anderen Online-Medien wie Homepage oder E-Mail. Haben Sie kein Impressum als gewerblicher Anbieter angebracht, kann Sie ein Wettbewerber abmahnen (§§3, 4 Nr. 11 Gesetz gegen unlauteren Wettbewerb – UWG 2004). Deshalb sollten Sie zum Beispiel auch auf Ihrer Facebook-Seite und im Instagram-Profil ein Impressum anbringen. Zur Impressumspflicht gab es bereits zahlreiche Urteile, die die genaue Handhabung entschieden haben:

• Es muss leicht erkennbar sein, also als „Impressum" betitelt (BGH 2006; BGH Urteil vom 20.07.2006, Az.: I ZR 228/03)
• Es muss über maximal zwei Klicks erreichbar sein (BGH 2006; BGH Urteil vom 20.07.2006, Az.: I ZR 228/03)

Facebook hat inzwischen ein Impressumfeld in den Seiten integriert. Instagram bietet in der Bio die Verlinkung auf eine externe Impressumseite. TikTok bietet nur einen Text und ab einer Community-Größe von 1000 Followern auch die externe Verlinkung.

Das Impressum muss nach §5 TMG folgende Angaben enthalten:

- Firmenbezeichnung und Firmenname
- Bei Einzelunternehmen Vor- und Zuname des Inhabers (ohne Abkürzungen z. B. des Vornamens)
- Bei Unternehmen, die im Hfandelsregister eintragen sind: Handelsregisternummer, Vor- und Zuname des/der Geschäftsführer/s
- Anschrift mit Straße, PLZ, Ort (keine Postfachadresse)
- Telefonnummer, E-Mail-Adresse
- Umsatzsteuernummer (keine allgemeine Steuernummer)
- Bei bestimmten Berufsgruppen Aufsichtsbehörde oder Kammer

Beachten Sie unbedingt, dass Ihre Informationen in den mobilen Apps der sozialen Netzwerke möglicherweise in einer anderen Art dargestellt werden.

4.7.6 Die Abmahnung

Verstoßen Sie gegen die Rechte des UWG, droht eine Abmahnung eines Marktbegleiters. Eine Abmahnung beinhaltet eine Kostennote des abmahnenden Anwalts und die Aufforderung zur Abgabe einer Unterlassungserklärung. Ihr Wettbewerber kann juristisch folgende Verstöße zur Anzeige bringen:

- Anspruch auf Beseitigung und Unterlassen des Wettbewerbverstoßes
- Schadensersatz bei unzulässiger geschäftlicher Handlung
- Gewinnabschöpfung zugunsten des Bundeshaushaltes

Sie werden also zunächst aufgefordert, das aus Sicht des Abmahnenden wettbewerbswidrige Verhalten mittels einer Erklärung zu unterlassen. Voraussetzung ist, dass das abmahnende Unternehmen im direkten oder indirekten Wettbewerb zu Ihnen steht.

Am besten ist es, wenn Ihr beauftragter Jurist den Dialog mit der gegnerischen Partei sucht und einen Vergleich schließt. So minimieren sich die Kosten und in manchen Fällen sogar die Abgabe einer Unterlassungserklärung.

Was noch wichtig ist:

- Eine Unterlassungserklärung hat kein Verfallsdatum und ist auf unbestimmte Zeit gültig. Wenn Sie sich trotz Abgabe einer Unterlassungserklärung erneut wettbewerbswidrig verhalten, drohen Ihnen hohe Schadensforderungen durch die abmahnende Partei.

- Wenn Sie eine Abmahnung ignorieren, kann die abmahnende Partei Klage vor einem Gericht erheben. Auch bei Internetstraftaten, worum es sich im Social Web immer handelt, gilt der sogenannte fliegende Gerichtsstand. Das bedeutet, dass der Kläger einen Gerichtsstand seiner Wahl benennen darf. Meistens wird dann ein Gericht angerufen, das bereits im Sinne des Klägers entschieden hat.

4.7.7 Wettbewerbseinschränkungen des PCI

Im Arbeitsvertrag Ihres PCI sollten einige wettbewerbsrechtliche Bedingungen verankert werden. Dies betrifft:

- Wettbewerbsverbot nach Beendigung des Beschäftigungsverhältnisses
- Nebenerwerb
- Aufbau eigener Communities

Schauen wir uns zunächst diese einzelnen Bedingungen an.

Wettbewerbsverbot (Konkurrenzklausel)
Während des Arbeitsverhältnisses unterliegt der PCI seinen arbeitsvertraglichen Treuepflichten. Er darf seinem Arbeitgeber keine Konkurrenz machen oder in irgendeiner Form seine Interessen gefährden.

Endet das Beschäftigungsverhältnis des PCI, schließen wir vertraglich aus, dass der PCI unmittelbar als PCI bei einem direkten Mitbewerber arbeitet. Die sogenannte Konkurrenzklausel, auch „nachvertragliches Wettbewerbsverbot" genannt, binden wir in den Arbeitsvertrag des PCI ein. Beachten Sie:

▶   Ein nachvertragliches Wettbewerbsverbot ist nur bei Zahlung einer Karenzentschädigung (Abfindung) rechtlich möglich. Wettbewerbsverbote ohne Abfindungszahlung sind rechtswidrig.

Wichtig bei der Ausformulierung des Wettbewerbsverbots sind folgende Voraussetzungen:

- Sie haben ein wirtschaftlich berechtigtes Interesse.
- Das Verbot muss örtlich, zeitlich und inhaltlich in einem vertretbaren Rahmen sein.
- Sie zahlen eine Karenzentschädigung (Abfindung).

• Das Wettbewerbsverbot wird für nicht mehr als zwei Jahre nach Beendigung des Beschäftigungsverhältnisses ausgesprochen.

Bei Verstoß gegen das Wettbewerbsverbot durch den PCI, vereinbaren Sie eine Konventionalstrafe. Bewerten Sie das Wettbewerbsverbot Ihres PCI immer individuell. Im Idealfall haben Sie auch nach Beendigung des Beschäftigungsverhältnisses noch die Möglichkeit, mit Ihrem ehemaligen PCI zu kommunizieren. Wägen Sie im Einzelfall ab, ob das neue Beschäftigungsverhältnis Ihres PCI bei Ihrer Marke einen wirtschaftlichen Schaden verursachen kann.

Da es sich bei den Social Media um sehr schnelllebige Medien und dadurch auch um ein schneller „vergessendes" Medium handelt, ist nach meiner Auffassung ein zweijähriges Wettbewerbsverbot nicht erforderlich. Ich empfehle ein sechsmonatiges Wettbewerbsverbot unter Fortzahlung von 60 % des zuletzt gezahlten Arbeitsentgelts (ohne leistungsbezogene Vergütungen).

▶ Minimieren Sie den Schaden Ihrer Marke und gleichzeitig den schädigenden Einfluss Ihres bisherigen PCI, indem Sie lückenlos durch einen neuen PCI in Ihren Kanälen kommunizieren.

Nebenerwerb
Im Arbeitsvertrag des PCI vereinbaren Sie, dass sämtliche Nebenbeschäftigungen vom Arbeitgeber genehmigt werden müssen. Eine Genehmigung muss immer schriftlich erfolgen. Kommt Ihr PCI auf Sie zu und meldet eine weitere Beschäftigung als PCI bei einer anderen Marke an, so prüfen Sie, ob die Nebentätigkeit Ihrer Marke schadet. Wägen Sie unter Einbeziehung der vorhandenen Ressourcen und Aufgaben Ihres PCI ab, ob die Nebenbeschäftigung die Hauptbeschäftigung bei Ihnen benachteiligt. Bedenken Sie auch, dass Ihr PCI mit seiner Nebenbeschäftigung in der Öffentlichkeit steht. Dadurch kann Ihre Marke immer mit der Marke des Nebenbeschäftigungsverhältnisses in Zusammenhang gebracht werden.

Aufbau eigener Communities
Beobachten Sie sämtliche Bemühungen Ihres PCI, sei es im privaten oder geschäftlichen Umfeld, eigene Communitys und Kanäle aufzubauen. Denn es besteht die Gefahr, dass Ihr PCI Ihr Umfeld nutzt, um das Wachstum eigener Communitys voranzutreiben. Sie schließen daher arbeitsvertraglich aus, dass Ihr PCI jegliche Erwähnungen von Drittkanälen zu unterlassen hat. Und Sie fügen eine weitere Klausel hinzu, dass Erwähnungen im Einzelfall vom Arbeitgeber zu genehmigen sind. Es kann durchaus empfehlenswert sein, dass Ihr PCI im privaten Umfeld auch mit Ihrer

Hilfe und ohne Schädigung Ihrer Marke eine Community aufbaut, beispielsweise in caritativen oder sozialen Kontexten.

4.8   Zielvereinbarung

Zu Beginn des Beschäftigungsverhältnisses werden die Ziele Ihres PCI festgehalten. Sie orientieren sich an Ihren Marketing- und Kommunikationszielen, die außerdem als Bemessungsgrundlage für die leistungsbezogenen Entgeltbestandteile dienen. In Abschn. 1.4 und 2.6 haben wir die Ziele des PCI betrachtet. Wichtig dabei ist es, dass Sie zu Beginn der Beschäftigung Ihres PCI die vollständigen Ist-Werte, die bei der quantitativen und qualitativen Zielvereinbarung relevant sind, dokumentieren. Dies ermöglicht Ihnen eine Vergleichbarkeit und Analyse der Entwicklung.

Sie werden die definierten Ziele des PCI zeitlich einordnen und gemeinsam mit dem PCI konkret definieren. Eine zeitliche Einordnung legt fest, welche Ziele der PCI bis zu welchem Zeitpunkt erreicht haben wird. In regelmäßigen Zielvereinbarungsgesprächen mit dem Vorgesetzten wird der Grad der Zielerreichung gemeinsam ermittelt und bewertet. Ich empfehle die Zielvereinbarungsgespräche in folgenden Rhythmen durchzuführen:

* zu Beginn des Beschäftigungsverhältnisses
* drei Monate nach Beginn des Beschäftigungsverhältnisses
* fünf Monate nach Beginn des Beschäftigungsverhältnisses
* ein Jahr nach Beginn des Beschäftigungsverhältnisses
* danach im halbjährlichen oder jährlichen Rhythmus

Initiale Zielvereinbarung
Wir können die Zielerreichung anhand klar messbarer KPIs Ihres Markenkanals objektiv bewerten. Dies sind zum Beispiel KPIs wie Followerzahl, Interaktionen und Anzahl der Contents. Qualitative Merkmale werden jedoch subjektiv von der Führungskraft bewertet.

Für die quantitative Zielvereinbarung bewerten wir später folgende KPIs in Bezug zum Markenkanal, den der PCI verantwortet:

* Interaktionsrate
  – Anzahl Likes

- – Anzahl Kommentare
- – Anzahl Shares
- – Anzahl Link-Klicks (extern)
- – Anzahl andere Interaktionen
- Followerzahl
  - – Demografie
  - – Anzahl
  - – Unfollows
- Anzahl der veröffentlichten Contents
  - – Unterteilt nach relevanten Formaten

Bei der Zielsetzung berücksichtigen wir die vorhandene Ressourcenplanung des PCI und die Ist-Werte Ihrer bereits vorhandenen Kanäle. Ist der PCI für mehrere Markenkanäle verantwortlich, so werden die Ziele je Kanal definiert und vereinbart.

Wichtig bei der Zielvereinbarung ist es, dass der PCI die Zielerreichung als realistisch einschätzt und dadurch motiviert bleibt. Sind die Ziele zu hoch gesetzt, verliert der PCI möglicherweise die Motivation und den Ansporn, seine Ziele zu erreichen. Daher werden die Ziele gemeinsam zwischen PCI und Führungskraft erarbeitet.

Berücksichtigen Sie bei der Zielplanung, ob Sie Media-Budget für die PCI-Contents vorgesehen haben. Wenn ja, dann müssen Sie die Zielwerte entsprechend nach oben anpassen. Um Ihnen eine Orientierungshilfe zu bieten, unterteile ich die PCI in drei Kategorien abhängig von der Community-Größe und den anfallenden Aufgaben und gehe dabei immer von einer Vollzeitbeschäftigung mit 40h/Woche aus (s. Tab. 4.6).

Tab. 4.6 PCI-Kategorien

Kategorie	Aufgaben	Externe Dienstleister	Community-Größe
1	Strategie, Redaktions-/Content-Planung, Content-Produktion, Community Management, Social Listening, Reporting	Keine	0–50.000
2	Redaktions-/Content-Planung, Content-Produktion, Community Management, Social Listening	Strategie, Reporting	50.000–500.000
3	Redaktions-/Content-Planung (nur begleitend), Content-Produktion	Strategie, Redaktions-/Content-Planung, Community Management, Social Listening, Reporting	>500.000

Einige KPIs sind vom Kanal (Art) und der Kanalgröße (Community) abhängig. Wir treffen daher die Zielvereinbarung je Kanal und berücksichtigen dabei die Anzahl der Follower (Ist-Abgleich). Die Interaktionsrate unterscheidet sich aufgrund der unterschiedlichen Algorithmen und der Anzahl der Follower, deshalb legen wir die unterschiedlichen Werte anhand aktueller Nutzerstatistiken und Studien zugrunde. Folgende Werte dienen als Orientierungshilfe:

Follower	Anzahl Contents/Jahr	Anzahl Stories/Jahr (%)	Min. Follower Wachstum (%)	Max. Follow Ratio (%)	Min. Interaktionsrate (%)
1000–5000	102	154	23	130	4,0
5001–20.000	154	258	3	110	2,0
20.001–100.000	154	258	11	110	2,0
100.001–3.000.000	154	258	16	110	1,7

Ich orientiere mich bei diesen Werten an gängigen Marktwerten, die von der Studie „State of Influencer Marketing" (Baklanov 2020) vom AI-unterstützten Tool „Hypeauditor" (www.hypeauditor.com) regelmäßig veröffentlicht werden. Es handelt sich also um Werte für ein gesundes Wachstum im marktüblichen Maß.

Überprüfen Sie zum Ende des Bemessungszeitraums die Qualität der Follower. Hier eignet sich ebenfalls das Tool von Hypeauditor. Es ist leider unvermeidbar, dass sich Fake-Accounts als Fake-Follower mit Ihren Kanälen verbinden. Insgesamt darf Ihre Community aber nicht überwiegend aus solchen Followern bestehen. Tools wie Hypeauditor haben für die Überprüfung komplexe Algorithmen entwickelt.

4.9   Onboarding und Integration

Eine umfangreiche Einarbeitung und Integration Ihres PCI in Ihr Unternehmen stärkt die Identifikation des PCI mit Ihrer Marke. Je strukturierter und organisierter das Onboarding abläuft, desto mehr Sicherheit geben Sie dem PCI. Erarbeiten Sie eine Checkliste für das Onboarding, die folgende Punkte enthält:

- Führung und Vorstellung durchs Unternehmen
- Beschaffung und Einrichtung der EDV
- Beschaffung und Einrichtung mobiler Endgeräte

- Einrichtung des Arbeitsplatzes
- Zugriffe auf Netzwerke und eingesetzte Software
- Beschaffung und Einrichtung des Video-Equipments
- Welche Abteilungen werden durchlaufen? Wann und wie lange?
- Bereitstellung von Dokumentationen, Strategiepapieren
- Planung von Weiterbildungen oder Coachings
- Planung zu Schulungen Ihrer Produkte oder Dienstleistungen
- Feedback-Termine mit der Führungskraft

Stellen Sie dem PCI diese Checkliste als roten Faden seines Onboardings zur Verfügung. Er hakt die einzelnen Punkte nach und nach ab und behält dadurch stets den Überblick über seine To-dos während der Einarbeitungsphase.

Externes Coaching

Haben Sie den Bedarf eines weiteren Coachings Ihres PCI ermittelt, planen Sie dieses frühzeitig bei Beginn der Beschäftigung ein. So kann zum Beispiel eine fachliche Begleitung durch einen Spezialisten für Ihren PCI sinnvoll sein. Bestehen noch Verbesserungspotenziale für die Arbeit vor der Kamera, macht ein Coaching auf diesem Gebiet Sinn. Unter www.permanent-corporate-influencer.de finden Sie spezialisierte Anbieter in allen Bereichen des PCI-Coachings sowie spezifizierte Weiterbildungsangebote für PCIs.

Literatur

Baklanov N (2020) State of influencer marketing in Germany. https://hypeauditor.com/blog/state-of-influencer-marketing-in-germany-2/. Zugegriffen: 13. Nov. 2020

BGH (2006) BGH Urteil vom 20.07.2006, Az.: I ZR 228/03 zur Impressumspflicht. https://juris.bundesgerichtshof.de/cgi-bin/rechtsprechung/document.py?Gericht=bgh&Art=en&Datum=2006&Sort=3&Seite=10&nr=37635&pos=322&anz=2105. Zugegriffen: 13. Nov. 2020

Gesetz über Urheberrecht und verwandte Schutzrechte (UrhG) (o. J.) https://www.gesetze-im-internet.de/urhg/. Zugegriffen: 13. Nov. 2020

Staatsvertrag zum Glücksspielwesen in Deutschland (Glücksspielstaatsvertrag – GlüStV) (2007) https://recht.nrw.de/lmi/owa/br_vbl_show_pdf?p_id=10742. Zugegriffen: 13. Nov. 2020

TMG (2007) Telemediengesetz. https://www.gesetze-im-internet.de/tmg/index.html. Zugegriffen: 9. Okt. 2020

UWG (2004) Gesetz gegen den unlauteren Wettbewerb (UWG). https://www.gesetze-im-internet.de/uwg_2004/UWG.pdf. Zugegriffen: 9. Okt. 2020

VDA (2020) WLTP – weltweit am Start für realitätsnähere Ergebnisse beim Kraftstoff-
verbrauch.   https://www.vda.de/de/themen/umwelt-und-klima/WLTP-realitaetsnaehere-
Ergebnisse-beim-Kraftstoffverbrauch/WLTP-Was-bedeutet-der-WLTP-fuer-Autofahrer.
html. Zugegriffen: 9. Okt. 2020

Die Umsetzung

5

Zusammenfassung

In diesem Kapitel geht es um die strategische Mehrwert-Kommunikation, die vom PCI umgesetzt wird. Wir analysieren die Zielgruppe, führen eine Content- und Keyword-Analyse durch, ermitteln die relevanten sozialen Netzwerke und planen die einzelnen Themen und Contents, wobei der Content das strategische Element zur Erreichung aller Kommunikationsziele des PCI darstellt.◄

5.1 Wahrnehmung durch Mehrwertkommunikation

In Abschn. 1.1 haben wir bereits einen Blick in die Mechanik der Social Media geworfen. Wir haben erfahren, wie sich die Nutzer auf Werbung verhalten und was ihre Kaufanreize sind. Der PCI führt eine interpersonelle Kommunikation durch, die ein Vertrauensverhältnis zu Nutzern der Social Media aufbaut. Das strategische Element zur Erreichung aller Kommunikationsziele des PCI ist der Content.

5.1.1 Warum Mehrwertkommunikation?

Wir wissen um die Aversion der Nutzer von sozialen Netzwerken für Werbung. Hinzu kommt eine ständig steigende Anzahl an Content, insbesondere von Marken. Die Nutzer möchten sich in den Social Media mit ihren Freunden unterhalten und keine Waschmaschine kaufen – eine sehr weise Erkenntnis des Google-Gründers Larry Page. Die Folge dieser Entwicklung ist, dass werblicher Content von den Nutzern nicht wahrgenommen wird.

Natürlich ist es möglich, mit Einsatz eines hohen Werbebudgets unsere Contents trotzdem bei der Zielgruppe zu penetrieren. Unter dem Motto „die Masse macht's", werden wir am Ende die erforderlichen Reichweiten durch Investitionen in Social Ads generieren. Doch das ist nicht unser Weg. Wir gehen es smarter an. Unser Ziel ist es, mit dem PCI die organischen Reichweiten (unbezahlte Reichweiten) zu erhöhen. Zusätzlich werden wir diese Entwicklung mit einem geringen Budget in Social Apps stärken.

Doch wie erreichen wir nun, dass uns die Nutzer als Marke wahrnehmen und unsere Contents nicht werblich wirken? Indem wir unsere Zielgruppe exakt analysieren, kennen und die passenden Contents zu ihren Informationsbedarfen liefern (s. Abb. 5.1). Gleichzeitig verlieren wir unsere Businessziele nicht aus den Augen. Auch diese sind Teil unserer strategischen Content- und Themenplanung.

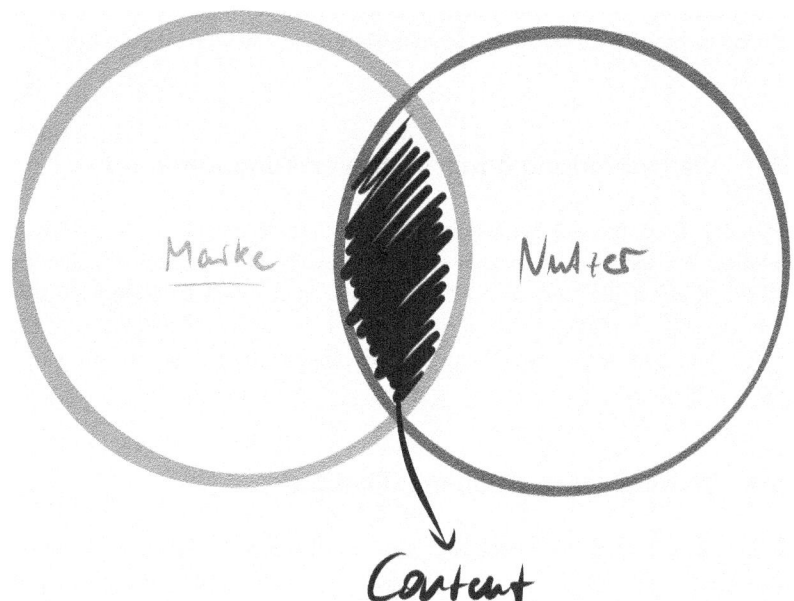

Abb. 5.1 Relevanter Mehrwert-Content

Abb. 5.1 besteht aus zwei Kreisen und einer gemeinsamen Schnittmenge. Für die Themen- und Content-Planung ist diese Visualisierung sehr hilfreich.

- **Linker Kreis:** Wir definieren hier unsere Businessziele, die wir durch den einzelnen Content erreichen wollen.
- **Rechter Kreis:** Hier definieren wir die Informationsbedarfe unserer Zielgruppe (Buyer Personas)
- **Schnittmenge:** Hierbei handelt es sich um den für die Zielgruppe relevanten Content. Hier befriedigen wir durch unseren Content die Informationsbedarfe unserer Zielgruppe und stellen eine Brücke zu unseren Businesszielen her.

5.1.2 Was wird als Mehrwert wahrgenommen?

Unser Content wird als Mehrwert wahrgenommen, wenn wir folgende drei Bedingungen berücksichtigen:

1. Nutzwert schaffen
2. Wahrnehmung als wertvoll
3. Viraler Mehrwert

(1) Schaffung von Nutzwerten
Erkennt unsere Zielperson einen tatsächlichen oder potenziellen Nutzen in unserem Content, wird sie den Content konsumieren, und wir werden dadurch Wahrnehmung erreichen.

- **Probleme analysieren:** Gerade unter deutschen Social-Media-Nutzern werden primär Probleme wahrgenommen. Die Social Media bieten durch ihre Anonymität eine Plattform der Beschwerde und der Polemik. Stellen Sie ein vorhandenes Problem in den Fokus Ihres Contents. Zeigen Sie, was nicht funktioniert. Headlines wie zum Beispiel „Die fünf größten Fehler im …" erreichen meist eine höhere Wahrnehmung als weichgespülte oder sogar werbliche Headlines. Analysieren Sie ein Problem und bieten Sie Lösungen an. Grundvoraussetzung für diese Themenplanung ist, dass Sie die Probleme Ihrer Zielpersonen im Detail kennen. Daher sind die Analyse (Abschn. 5.3) und Definition Ihrer Buyer Personas (Abschn. 5.2) von hoher Bedeutung.
- **Praxisorientierung:** Die Einbeziehung von Praxisbeispielen und Praxiserfahrungen ermöglicht es Ihnen, Content greifbar und verständlich zu machen. Praxisnaher Content wird als Mehrwert wahrgenommen. Berichten Sie über die

Praxis mit authentischen Protagonisten, zeigen Sie die Pros und Cons auf und bieten Sie konkrete Handlungsempfehlungen. Inszenieren Sie eine/n Experten/in und erhöhen Sie dadurch Ihre Wirkung in Bezug auf Kompetenz und Erfahrung. Zeigen Sie Insights aus der alltäglichen Arbeit Ihres Unternehmens.

▶ **Wichtig:** Die Zeit im Internet tickt schneller. Wir haben leider nur wenige Sekunden Zeit, die Aufmerksamkeit der Zielperson auf uns zu ziehen. Es entscheidet die Überschrift oder das Motiv. Bedenken Sie auch, dass jegliche Informationen zu jedem Thema an jeder Ecke im Internet kostenfrei zur Verfügung stehen. Wir besetzen daher Nischen und Themen, welche zum einen hohen Nutzen bieten und zum anderen noch nicht so stark besetzt sind.

- **How-tos:** How-tos sind kurze Anleitungen zur Lösung eines eng gefassten Problems. Sie sind kurzweilig und geben eine schnelle Lösungsanleitung für Probleme Ihrer Zielperson. How-tos sind primär an Laien gerichtet und daher vom Umfang kurz und knapp gehalten. Nutzen Sie im professionellen B2B-Umfeld neben How-tos zusätzlich umfassende Dokumentationen, White Paper oder Handbücher.

(2) Wahrnehmung als wertvoll
Bei der inhaltlichen Content-Produktion nutzen wir einige der nachfolgenden Mechaniken, um eine entsprechende Wahrnehmung als Mehrwert bei der Zielgruppe zu erreichen:

- Daten, Zahlen und Fakten liefern
- Mythen enttarnen
- Faktencheck
- Falsches richtigstellen
- Hintergründe aufzeigen
- Zusammenhänge herstellen
- Einordnung in Kontext
- Relationen zu anderem aufzeigen
- Strukturen und Muster aufzeigen
- Gedanken weiterführen

Dabei sind eine lockere und schnell erfassbare Gestaltung des Contents wichtig. Wie bereits erwähnt, tickt die Zeit im Internet schneller und die Nutzer lesen ungern komplexe Blocktexte. Nutzen Sie deshalb Aufzählungsformen und visuelle Elemente, um das Lesen für die Nutzer leichter zu gestalten.

(3) Viraler Mehrwert
Viralität ist die Mechanik der Social Media, die es uns ermöglicht, die organische Verteilung unseres Contents zu verstärken. Ein Content löst beim Nutzer das Bedürfnis aus, ihn seinen Freunden zu zeigen. Er teilt den Beitrag im sozialen Netzwerk, profiliert sich damit und befriedigt auf diese Weise seinen Drang nach positiver Selbstdarstellung.

Es ist der Traum einer jeden Marke, dass ein Content über Nacht millionenfach organisch in den Social Media geteilt wird. Doch das zu erreichen, ist die Königsdisziplin im Social-Media-Marketing. Die Viralität ist manchmal unberechenbar. Eine Garantie dafür, dass der Content viral geht, gibt es nicht. Trotzdem können wir die Viralität mit verschiedenen Faktoren, die wir bei der Content-Produktion berücksichtigen, positiv beeinflussen.

Faktoren, die einen Content viral verstärken, sind zum Beispiel:

• dramatisch
• schockierend
• außergewöhnlich
• überraschend
• kurios
• sensationell
• sehr lustig
• starke Negativität
• Superlative
• Konflikte
• Bezug zu Prominenten oder Eliten

Wird unser Content von der Zielperson als viraler Mehrwert wahrgenommen, ist die Chance, dass der Nutzer den Beitrag teilt, höher als bei standardisierten Contents. Wir als Marke erreichen dadurch eine wesentlich höhere Wahrnehmung. Die Social Media eignen sich hierfür perfekt aufgrund ihrer mechanischen Natur und ihres Nutzerverhaltens.

5.2   Definition der Buyer Personas

5.2.1   Die Zielgruppe kennen

Eine personalisierte Kommunikation innerhalb Ihrer Käuferzielgruppe setzt voraus, dass Sie Ihre Zielperson(en) sehr gut kennen. Stellen Sie deshalb detaillierte Analysen zum Umfeld und den Informationsbedarfen Ihrer Zielgruppe an. Wie wir wissen, erreichen wir nur Wahrnehmung und Bindung, wenn der Content konstant relevant für Ihre Zielgruppe ist. Deshalb: Relevanz definieren wir, indem wir das Umfeld und die Bedarfe der Zielperson analysieren.

Vorteile einer detaillierten Zielgruppen-Analyse:

- Kundenorientierte Kommunikation: Erhöhung Trust
- Personalisierte Kommunikation: baut Beziehung auf
- Effizienz: ausschließliche Nutzung relevanter Kanäle und Formate

▶   Durch höheres Vertrauen bauen wir mit dem PCI eine Beziehung auf, erreichen eine höhere Effizienz und generieren in der letzten Konsequenz mehr Leads & Conversions.

5.2.2   Daten: Das Kapital der Zukunft

Es ist das Google und Facebook Prinzip: Für die Lieferung von Daten werden technische Plattformen für die Kommunikation oder Navigation (Karten) kostenlos zur Verfügung gestellt. Durch die Nutzung dieser Plattformen übermittelt der Nutzer seine Daten an den Betreiber. Die Betreiber erhalten auf diese Weise umfassende Informationen zu Interessen und Verhaltensweisen ihrer Nutzer. Diese Daten ermöglichen es den Plattformbetreibern, eine personalisierte Kommunikation durchzuführen. Zusätzlich kann der Plattformbetreiber Geschäftsmodelle mithilfe der umfassenden Nutzungs- und Interessendaten umsetzen (anonymisierte Weitergabe für Advertising).

Nehmen auch Sie sich diese Modelle zum Vorbild für eine nachhaltige und erfolgreiche personalisierte Kommunikation. Schaffen Sie auf Owned Channels an allen möglichen digitalen Touchpoints die Möglichkeit, Nutzerdaten zu erfassen (z. B. Registrierung, persönliche Bereiche auf der Website). Dadurch können Sie Ihre Zielgruppe umfassend analysieren und eine personalisierte Mehrwertkommunikation aufbauen. Beachten Sie dabei zwar alle rechtlichen Bedingungen der DSGVO, lassen Sie sich aber nicht davon abhalten, Daten Ihrer Zielgruppen zu sammeln.

5.2.3 Buyer Persona definieren

Zielgruppendefinitionen können sehr komplex sein. Um die Darstellung Ihrer Zielgruppen zu vereinfachen, nutzen wir Buyer Personas. Bilden Sie für jedes Zielgruppen-Cluster eine repräsentative Person, die stellvertretend für Ihr Cluster steht. Wenn Sie dieser Person einen Namen geben, erleichtert dies Ihre Arbeit und macht die Zielgruppe greifbar und verständlich.

Definieren Sie so wenige Personas wie möglich und so viele wie nötig. Bedenken Sie, dass jede Persona in der Content-Produktion und bei der Veröffentlichung berücksichtigt werden muss. Das erfordert entsprechende Ressourcen. Dokumentieren Sie je Buyer Persona nachfolgende Dimensionen:

- **Hintergrundinformationen**
  - Ausbildung
  - Berufserfahrung
  - Tägliche Herausforderungen/Probleme
  - Nach welchen Kriterien wird sie im Job bewertet?
  - Berufliche Ambitionen
- **Psychografie**
  - Beruf/Jobtitel
  - Informationsquellen und Medienkonsum
  - Informationskonsum (Menge, Frequenz, Formate, Konsumzeit)
  - Wie lange benötigt die Persona zum Kaufabschluss?
- **Motivation**
  - Wieso passt sie zu uns?
  - Welchen Mehrwert können wir der Persona bieten?
  - Warum kauft die Persona? Warum nicht?
  - Welche Gründe führen zum Kaufabbruch?
  - In welchem Status der Customer Journey befindet sie sich generell?
- **Demografie**
  - Geschlecht
  - Alter
  - Einkommen
  - Land/Region/Wohnort
  - Familie

Elkes Kosmetiksalon
Elke betreibt seit 20 Jahren ein regionales Kosmetikstudio. Sie kennt ihre Käuferzielgruppe aus Erfahrungswerten sehr gut. Jetzt versucht sie, diese Hauptzielgruppe in Form einer Buyer Persona zu definieren. Das Ergebnis:

* **Name:** Renate
* **Alter, Familienstand:** 48, verheiratet, 2 Kinder (21 und 19)
* **Wohnort:** Waldfeucht
* **Ausbildung:** Mittlere Reife
* **Beruf:** Chefsekretärin in einem Konzern
* **Einkommen:** 3.000 € Nettogehalt monatlich
* **Tägliche Herausforderungen:** Sieht täglich im Spiegel, wie sie älter wird. Ihre Haut beginnt, immer mehr Falten zu zeigen, ihr Körper erschlafft. Ihre Haare werden dünn und brüchig. Für ihren Job muss sie sich täglich schminken und stylen.
* **Berufliche Ambitionen:** Sie hat noch 17 Berufsjahre vor sich und will bis dahin diesen Job ausüben. Sie steht im täglichen Konkurrenzkampf mit aufstrebenden, jungen und hübschen Kolleginnen, die gerne ihren Job als Chefsekretärin hätten.
* **Informationsquellen Digital:** Google, Newsletter von Brigitte & Esoterik Blog, Facebook, YouTube
* **Informationskonsum:**
  – Während ihrer Arbeitszeit und nach Feierabend sucht sie nach für sie relevanten Themen in Google (ca. 1,5h pro Tag) und besucht Internetseiten im Suchergebnis von Google. Sie interessiert sich für Themen über Gesundheit, Beauty, Esoterik, Reisen und Familie.
  – Sie hat ein Facebook-Profil und hat dort 87 Freunde. Abends ist sie ca. 30 min in Facebook.
  – Sie schaut auf YouTube relevante Videos, die sie im Google-Suchindex erhält und die ihr im Facebook-Newsfeed angezeigt werden.
  – Einmal wöchentlich erhält sie einen Newsletter von einer Frauenzeitschrift, einem Reiseanbieter und ihr Horoskop.
* **Welchen Mehrwert können wir der Persona bieten?** Tipps und Anleitungen zu den -Themen:
  – Alterungsprozess verlangsamen
  – Gesundheitstipps
  – Beauty und Kosmetik

- Esoterik
- Reise
- Familie
- **Warum kauft die Persona?**
  - Durch eine Empfehlung einer Freundin
  - Durch den persönlichen Kontakt zu Elke und Vertrauen in ihre Arbeit und ihre Ergebnisse (Beziehung)
- **Warum kauft sie nicht?**
  - Schlechte Ergebnisse
  - Schlechter Ruf bzw. Meinung einer Freundin
  - Zu hoher Preis
- **In welchem Status der Customer Journey befindet sie sich generell?**
  - Entdecken (Search, Content) und Abwägungsphase◄

Wie Sie sehen, erhält man durch die Definition einer Buyer Persona zahlreiche wichtige Hintergrundinformationen. Diese bieten Ihnen die Möglichkeit, bei der Content- und Themenplanung über den Tellerrand zu blicken auch weitere relevante Mehrwertthemen zu entwickeln.

> **Aufgabe**
> Definieren Sie Ihre Buyer Personas.

Wenn Sie sich intensiver mit Buying Peronas beschäftigen möchten und mehrere Buyer Personas erstellen möchten, ist vielleicht auch der nachfolgende Tipp für Sie hilfreich:

► **Tool-Tipp:** Das Tool „UXPRESSIA" bietet die Möglichkeit, Personas und Customer Journey zu erfassen und zu verwalten.

5.3 Content- und Keyword-Analyse

Nachdem Sie die Buyer Personas definiert haben, analysieren wir, welche Themen für Ihre Personas relevant sind. Hierzu stehen eine Reihe von größtenteils kostenlosen Tools Verfügung.

5.3.1   Owned Channels

Nutzen Sie die Analysen Ihrer eigenen Kanäle, um relevante Content-Themen und
Interessen Ihrer Personas abzuleiten. Hier macht es sich bezahlt, wenn Sie möglichst viele eigene Datenpunkte Ihrer Zielgruppe im Einsatz haben. Dies können
zum Beispiel sein:

* eigene Homepage(s), ideal mit persönlichem Bereich (Login-Bereich)
* Wikis
* Foren
* Online-Shop
* andere interaktive Medien (z. B. Intranet, Social Intranet, Plattformen)

Für die Analyse der Owned Channels nutzen Sie in der Regel Website-Analyse-
Tools wie zum Beispiel Adobe Analytics oder Google Analytics. Betrachten Sie
hier folgende Kriterien:

* häufig besuchte Seiten
* am häufigsten kommentierte Inhalte
* meistbesuchte Themenkategorien
* Klickpfade und Verhaltensfluss
* Schlagworte
* angesehene und verkaufte Produkte
* Warenkorb-Inhalte

Gleichen Sie die Ergebnisse mit Ihren Buyer Personas ab. Ergänzen Sie gegebe-
nenfalls die Buyer-Persona-Daten und ordnen Sie wenn möglich die Top-Themen
Ihren Buyer Personas zu.

5.3.2   SEO-Tools

Die Suchmaschinen Optimierung (SEO) ist ein wichtiges Werkzeug im digi-
talen Marketing. SEO ermöglicht eine für Suchmaschinen optimierte Content-
Erstellung. Ziel ist es, möglichst viele organische (unbezahlte) Zugriffe von
Suchmaschinen zu generieren.
   Wenn Sie bereits SEO betreiben, nutzen Sie die Analysen und Reports Ihres
SEO-Tools. Darüber hinaus setzen Sie die größte Suchmaschine der Welt ein:
Google. Anhand kostenloser Tools, die Google zur Verfügung stellt, analysieren

Sie, welche Keywords in Google populär sind und demnach im Kontext unserer Themen von Relevanz sind.

Das Google-Prinzip ist recht einfach. Google möchte dem Suchenden das für ihn relevanteste Suchergebnis an erster Stelle anzeigen. Die Bemessung der Relevanz eines Suchergebnisses (Content) ist ähnlich der Relevanzbemessung unserer strategischen Content- und Themenplanung.

▶   **Tipp:** Installieren Sie auf Ihren Owned Channels das kostenlose „Google Webmasters Tool". Damit erhalten Sie detaillierte Informationen, welche Suchbegriffe zu Ihren Kanälen geführt haben und wie Ihre Inhalte bei Google im Kontext zu Keywords gerankt sind. Nutzen Sie dann die Ergebnisse aus dem Google Webmasters Tool für Ihre Keyword-Analyse.

Google Trends

Das kostenlose Tool „Google Trends" ermöglicht es Ihnen, weitere Informationen zu populären Keywords innerhalb der Suchmaschine zu generieren. Sie erhalten detaillierte Informationen zum Suchvolumen einzelner Keywords. Außerdem erhalten Sie Informationen zu ähnlichen relevanten Suchbegriffen. Diese geben Ihnen zusätzliche Inspiration für Ihre Themenplanung.

Social Listening Tools

Wenn Sie bereits ein solches Tool zum Monitoring Ihrer Social-Media-Kanäle einsetzen, erhalten Sie zahlreiche Informationen über relevante Themen. Weiterhin gibt es Social Listening Tools, mit denen Sie nach Keywords oder Themen im Universum der Social Media suchen können.

5.3.3   Benchmarking und interne Befragung

Betrachten Sie Ihre Wettbewerber. Welche Themen finden auf deren Kanälen Anklang, haben die meisten Kommentare oder Likes? Die Social Media sind transparent. In diesem Fall hilft es Ihnen, die Performance Ihrer potenziellen Themen anhand Ihrer Wettbewerberkanäle zu analysieren.

Befragen Sie zudem interne Abteilungen und Ihre Mitarbeiterinnen und Mitarbeiter. Dazu zählen zum Beispiel Kundenservice, Marktforschung und Vertrieb.

Diese Kollegen haben oft tiefe Einblicke in die Bedarfe und Wünsche Ihrer
bereits vorhandenen Kunden und Ihrer Käuferzielgruppe. Sie wissen meist, welche Themen dort von Relevanz sind. Und sie wissen eine Menge über Ihre
Mitbewerber. Notieren Sie diese Ergebnisse, Sie werden sie noch brauchen.

5.3.4   Analyseergebnisse auswerten

Ziel dieser Analysen ist es zu erkennen, welche Themen für Ihre Buyer Personas
am relevantesten sind. In der späteren strategischen Content- und Themenplanung
ist diese Information die Basis für die Planung und Umsetzung Ihrer einzelnen
Beiträge.
Und so machen Sie weiter:

* Tragen Sie nun die Ergebnisse Ihrer Content- und Keyword-Analyse zusammen. Im Idealfall haben Sie eine Liste mit vielen relevanten Schlagwörtern.
* Clustern Sie nun diese Keywords in Themenkategorien. Ich empfehle Ihnen,
  zwei bis drei Themenkategorien zu bilden. Im Einzelfall können es auch mehr
  sein. Bedenken Sie jedoch, dass für mehr Themenkategorien wiederum höhere
  Ressourcen benötigt werden.
* Referenzieren Sie anschließend die analysierten relevanten Keywords mit den
  definierten Themenkategorien.

5.4   Relevante Netzwerke und ihre Mechanik

Wir hatten das Thema bereits, aber ich möchte es noch einmal betonen: Denken
und planen Sie grundsätzlich nicht vom Kanal aus, sondern von der Positionierung und der Story her. Viele Unternehmen glauben, sie müssten bestimmte
Kanäle bedienen – Tiktok, Instagram etc. Die Frage nach der Relevanz wird hierbei oft nicht gestellt. Strategisch sinnvoller ist es, von der Positionierung, der
Story und den Buyer Personas aus zu planen und die relevanten Formate und
Kanäle anschließend festzulegen.
So hat es zum Beispiel wenig Zweck, die Zielgruppe 50 + auf TikTok
anzusprechen. Warum? Das analysieren wir anhand des Nutzerverhaltens der

unterschiedlichen sozialen Netzwerke. Schauen wir uns zunächst die einzelnen
Kanäle und ihre Mechaniken an.

5.4.1   Facebook

Die höchste Reichweite mit über 1,9 Mrd. aktiven Nutzern bietet das weltweit am
meisten genutzte soziale Netzwerk Facebook. Die aktive Nutzung von Facebook
hat in den letzten Jahren abgenommen. Es fand eine Verschiebung der jüngeren
Nutzer zu anderen Netzwerken wie Instagram oder TikTok statt.

Mechanik	Beschreibung	Beispiele
Profil	Profile von Menschen. Freunde verknüpfen sich mit gegenseitiger Zustimmung (Freundschaftsanfrage), maximal sind 5.000 Freunde möglich. Unternehmen dürfen keine Profile anlegen. Im Newsfeed erscheinen Posts und Neuigkeiten der Freunde, reglementiert durch den Facebook-Algorithmus „Edge Rank". Als Medien können Texte, Fotos und Videos hochgeladen und veröffentlicht werden	www.facebook.com/besuchmich
Seiten	Darstellung von Marken, Unternehmen, berühmten Persönlichkeiten. Profile können auf einer Seite eine „Gefällt mir" Angabe hinterlassen und zählen als Fan (Follower). Es erscheinen dann Posts der Seite im Newsfeed der Fans, reglementiert durch den Facebook Algorithmus „Edge Rank". Die Anzahl an Fans ist nicht begrenzt. Seiten können einmalig einen Nutzernamen reservieren, der dann die Facebook URL ist. Als Medien können Fotos und Videos hochgeladen und veröffentlicht werden	www.facebook.de/sentimeo

Mechanik	Beschreibung	Beispiele
Orte	Lokale öffentliche Plätze, Geschäfte, Städte oder Sehenswürdigkeiten. Profile können sich in Orten „einchecken" (Location Based Service), was im Profil gepostet wird. Orte und Seiten können identisch sein und vom Inhaber des Ortes administriert werden. Orte können Angebote erstellen. Als Medien können Fotos und Videos hochgeladen und veröffentlicht werden	www.facebook.com/centro.oberha usen
Veranstaltungen	Seite einer Veranstaltung mit eigener Pinnwand, Ort, Datum, Uhrzeit. Eine Veranstaltung kann öffentlich oder geschlossen sein. Ein Profil oder Seite kann Freunde oder Fans zu einer Veranstaltung einladen. Als Medien können Fotos und Videos hochgeladen und veröffentlicht werden	Suchen Sie in der Facebook-Suche z. B. nach Weihnachtsmarkt oder Oktoberfest
Gruppen	Gruppen sind Foren mit eigener Pinnwand. Sie können öffentlich oder geschlossen sein	www.facebook.com/groups/Garten zeit/
Post	Foto, Video, Freunde markieren, Gefühl/Aktivität, Ort einchecken, GIF, Live-Video, Watch Party, Empfehlungen, Spenden, externe Verlinkung möglich, Einschränkung der Sichtbarkeit (öffentlich oder bestimmte Personen)	
Story	15-sekündiges Video mit Standbild oder Video, Text, Ton, interaktiven Umfrageelementen und Stickern	
Live-Video	Übertragung eine Live-Streams in Bild und Ton, Kommentarfunktion, Teilnahme durch Zuschauer während des Streams möglich	

Das Story-Format in Facebook ist sehr beliebt und generiert die höchsten organischen Reichweiten. Ebenso sind Gruppen und Live-Videos bei Facebook sehr populär. Diese Formate werden in der Sichtbarkeit im Facebook-Feed von Facebook entsprechend gepushed und generieren dadurch hohe organische Reichweiten.

5.4.2   Instagram

Instagram ist das zurzeit mit am aktivsten genutzte soziale Netzwerk mit über 1 Mrd. monatlich aktiven Nutzern weltweit. Die Nutzergruppe ist überwiegend 18 bis 35 Jahre alt.

Mechanik	Beschreibung
Kanal	Kanal von Menschen oder Marken. Kann öffentlich oder privat gestellt werden. Abonnenten (Follower) verbinden sich bei öffentlichen Profilen ohne gegenseitige Zustimmung, bei privaten Profilen ist eine Zustimmung erforderlich. Die Anzahl an Abonnenten ist nicht beschränkt. Ein Kanal zeigt den Feed des Inhabers. Er ist in einzelnen Kacheln (drei Kacheln pro Zeile) dargestellt. Ein Kanal hat Basisangaben zur Person/Marke mit einem Feld „Biografie" für eine Freitext-Eingabe mit externem Link
Feed Post	Darstellung von Marken, Unternehmen, berühmten Persönlichkeiten. Profile können eine Seite zu ihren Kreisen „hinzufügen", es erscheinen dann alle Posts der Seite im Newsfeed des Followers. Die Anzahl an Followern ist nicht begrenzt. Profile oder Seiten können „ + 1" auf Beiträgen hinterlassen, die ihnen gefallen. Als Medien können Fotos und Videos hochgeladen und veröffentlicht werden
Story	15-sekundiges Video mit Standbild oder Video, Text, Ton, interaktiven Umfrageelementen und Stickern. Es können bei einem Vorgang maximal vier Stories à 15 s veröffentlicht werden
IGTV	Beliebig langes Video länger als 60 s. Unter 60 s werden als Feed-Post veröffentlicht. Ein IGTV-Video-Teaser (die ersten 60 s des Videos) können als Feedpost veröffentlicht werden
Reel	15-sekündiges Musikvideo mit Standbild oder Video, Text, Ton, zusätzlichen interaktiven Elementen
Live Stream	Live-Übertragung innerhalb des Story-Modus, Video kann anschließend gespeichert oder als IGTV-Video gepostet werden, Live Chat, Teilnahme von Zuschauern möglich

5.4.3 TikTok

TikTok hat weltweit über 1 Mrd. aktive Nutzer und ist besonders in der jungen
Zielgruppe im Alter von 13 bis 25 Jahren beliebt.

Mechanik	Beschreibung
Kanal	Kanal von Menschen oder Marken. Kann öffentlich oder privat gestellt werden. Abonnenten (Follower) verbinden sich bei öffentlichen Profilen ohne gegenseitige Zustimmung, bei privaten Profilen ist eine Zustimmung erforderlich. Die Anzahl an Followern ist nicht beschränkt. Ein Kanal zeigt den Feed des Inhabers. Er ist in einzelnen Kacheln (drei Kacheln pro Zeile) dargestellt. Ein Kanal hat Basisangaben zur Person/Marke mit einem Feld „Biografie" für eine Freitext-Eingabe mit Verlinkung eines Instagram und YouTube Profils
Feed Post	Maximal einminütige Darstellung von Marken, Unternehmen, berühmten Persönlichkeiten. Kann mit zahlreichen Effekten und Hintergrundmusik belegt werden
ForYou Page	Der persönliche Feed eines Nutzers. TikTok stellt anhand des Algorithmus für den Nutzer relevante Inhalte zusammen und zeigt sie den Nutzern auf der FourYou Page an
Live-Stream	Live-Übertragung, Nutzung ab 10.000 Followern möglich, Zuschauer können Geschenke an Creator vergeben, Zuschauer können zugeschaltet werden
Duett	Nutzung eines vorhandenen Posts und Integration des eigenen Videos mit geteilter Bildschirmansicht

5.4.4 Twitter

Twitter ist ein sogenannter Microblogging-Dienst, bei dem man maximal 280
Zeichen als „Tweet" abschickt. Die Verknüpfung zu Freunden oder Marken als
„Follower" erfolgt einseitig ohne Bestätigung der Gegenseite. Einem Tweet kann
man Fotos, Videos sowie eine Ortsangabe anhängen. Ein Hashtag als „#" gekennzeichnet, definiert Schlüsselwörter in Twitter, nach denen gesucht werden kann.
Wenn ein Metzger zum Beispiel in seinem Tweet das Keyword „Wurst" einfügen will, schreibt er „#wurst". Mit einem „@" gekennzeichnet Wörter sind
Direktnachrichten und Erwähnungen, die gesondert im eigenen Account angezeigt werden. Wenn einem Twitter-Nutzer ein Tweet gefällt, wird er von ihm
„retweeted" (geteilt) oder gelikend und so unter seinen Followern weiterverbreitet.

Eine Linksetzung zu einem externen Ziel ist möglich. Da externe Links für einen Tweet zu lang sind und wertvolle Zeichen benötigen, nutzt man zum Einfügen kostenlose Link-Verkürzungsdienste wie zum Beispiel www.bitly.com. Bitly fertigt aus einer beliebig langen URL einen kleinen Link mit wenig Zeichen. Twitter wird in Deutschland nur von ca. 350.000 Menschen genutzt. Überwiegend die PR und Kommunikationsbranche in Deutschland nutzt Twitter.

5.4.5 Xing & LinkedIn

Diese beiden Netzwerke werden überwiegend zum Austausch professioneller Informationen im beruflichen Umfeld genutzt. Dementsprechend ist der Umgang in diesen Netzwerken eher von sachlicher, professioneller Natur und private Informationen werden dort selten veröffentlicht. Xing und LinkedIn werden auch als Netzwerk zur Rekrutierung durch Personalverantwortliche genutzt. Die Profile gleichen einem Lebenslauf. Xing ist in Deutschland marktführend. LinkedIn ist das international führende Berufsnetzwerk.

Mechanik	Beschreibung
Profil	Profile von Menschen, man verbindet sich als „Kontakt" durch gegenseitige Bestätigung. Man hinterlegt seine aktuelle Beschäftigung und die bisherigen Tätigkeiten in einer Art Lebenslauf, persönliche Qualifikationen und Referenzen, welche Leistungen man anbietet und sucht
Firmen	Darstellung von Unternehmen. Firmen können ihre Produkte, Leistungen und Angebote hinterlegen, Statusmeldungen posten, Stellenangebote veröffentlichen. Profile, die als aktuelle Beschäftigung die Firma angegeben haben, werden referenziert. Profile können Firmen folgen und deren News im Newsfeed abonnieren
Gruppen	Gruppen sind themenspezifische Vereinigungen von Profilen. Ein oder mehrere Profile können als Gruppenmoderator oder Co-Moderatoren deklariert werden. In Gruppen werden Themen diskutiert, man stellt sich als Mitglied vor oder stellt und beantwortet Fragen
Veranstaltungen	Firmen können professionelle Veranstaltungen erstellen und bewerben. Veranstaltungen können zum Beispiel Seminare, Workshops, Tagungen oder andere Treffen sein. Veranstaltungen referenzieren die Profile der Teilnehmer und bieten eine eigene Pinnwand
Stellenangebote	Firmen veröffentlichen Stellenangebote und können diese bewerben oder in Gruppen publizieren. Die Netzwerke bieten ebenfalls ein Matching, das passende Profile für ein Stellenangebot vorschlägt

5.4.6   Pinterest

Hier handelt es sich um reine Fotodienste, bei denen Personen Bilder auf Pinn-
wänden posten, mit Beschreibungen versehen können, teilen, kommentieren und
mit einer „Gefällt mir"-Angabe versehen können. Pinterest wird im Food und
DIY-Bereich stark genutzt. Die Nutzergruppe ist breit und überwiegend zwischen
25 und 45 Jahre alt.

Art	Beschreibung
Profil	Profile von Menschen mit der Sammlung der geposteten Bilder, einem Profilbild
Firmen	Darstellung von Unternehmen und deren Bildersammlungen
Pin	Bild oder Video mit Kurztext und externer URL (Link)

5.4.7   Blogs

Diese Dienste bieten die Erstellung und Verwaltung von Homepages, auch
„Blogs" genannt. Der Nutzer versieht einen Blog mit aktuellen Meldungen (Posts)
und erstellt Seiteninhalte. Leser (Follower) folgen einem Blog, kommentieren einzelne Blogposts oder versehen diese mit einer „Gefällt mir" Angabe. Systeme
bieten die Vernetzung durch Plug-ins mit externen Systemen.

Die Blogdienste bietet folgende Funktionalitäten:

Art	Beschreibung
Blogposts	Die Nutzer schreiben Artikel und können diese mit Schlagworten (Tags), Meta-Daten für Suchmaschinen versehen und Kategorien zuordnen. In einem Artikel können Text, Bilder und Links eingefügt werden. Die Artikel werden meist nach Datum sortiert auf einer Startseite angezeigt (Thread) und nach Monat gesammelt kategorisiert. Blogposts können von Lesern kommentiert werden oder mit einer „Gefällt-Mir"-Angabe versehen werden
Seiten	Der Nutzer erstellt für Informationen, die nicht unbedingt hohe Aktualität besitzen, Inhaltsseiten. Die Darstellung und Funktion ist konform zu Blogposts. Seiten werden meist hierarchisch in einer Navigation zugänglich gemacht
Widgets	Widgets sind kleine Fenster, die zusätzliche Funktionen innerhalb des Blogs bieten. Zum Beispiel kann man eine Suche oder eine Schlagwortwolke (Tag Cloud) mithilfe eines Widgets im Blog anzeigen

Art	Beschreibung
Blogroll	Eine öffentliche Linksammlung zu anderen Blogs oder Quellen im Netz
Reader	In den Readern der Anbieter kann man nach thematischen Blogs suchen, diesen folgen und deren aktuelle Blogposts in einem Newsfeed anzeigen lassen

5.4.8 YouTube

YouTube ist die zweitgrößte Suchmaschine der Welt. Es hat sich im Laufe der Zeit als das meist genutzte Videoportal herauskristallisiert. Der Videodienst „Vimeo" bietet ähnliche Funktionalitäten mit einer wesentlich geringeren Reichweite. Die Zielgruppe ist demografisch sehr breit.

Mechanik	Beschreibung
Kanal	YouTube-Kanäle können von Personen oder Unternehmen angelegt werden. Kanäle sind die Ansammlung (Container) von veröffentlichten Videos des Nutzers. Der Nutzer kann das Erscheinungsbild seines Kanals selbst bestimmen. Große Marken, die durch ihre hohe Bekanntheit sehr viele Videoabrufe erreichen, können in einem Antragsverfahren einen Markenkanal beantragen, der weitergehende Gestaltungsmöglichkeiten und Funktionen beinhaltet. Ein Kanal kann abonniert werden
Videos	Die hochgeladenen Videos eines Nutzers. Jedes Video kann als öffentlich oder nicht öffentlich eingestellt werden. Zu Beginn der Kontoeröffnung bestehen Begrenzungen bei Speicherplatz und Länge der Videos. Videos können mit einem Link in beliebige andere Netzwerke oder Webseiten eingebettet werden. Jedes Video kann bewertet („Gefällt mir", „Gefällt mir nicht") und kommentiert werden
Analytics	YouTube bietet mit Analytics ein umfassendes Analyse- und Controllingmodul an. Der Kanalinhaber erhält für jedes Video Informationen zu den Zuschauerzahlen (Views), Herkunft, Geografie und Demografie
Live Stream	Echtzeit-Video, terminierbar, externe Anbindung an ausgewählte Video-Streaming-Software möglich

5.4.9 Messenger-Dienste: WhatsApp, Snapchat, Facebook Messenger

Diese Tools bieten die Echtzeitkommunikation mit Menschen und werden meiner Meinung nach in Zukunft die primären Kanäle der direkten Kommunikation zwischen Marken und Nutzern sein. Installieren Sie diese Kanäle frühzeitig in Ihre Kommunikationsprozesse. Bieten Sie Kunden, Interessenten und Geschäftspartnern auch diesen Kommunikationsweg an. Sie zeigen damit Innovationsbereitschaft und eine hohe Kunden- und Serviceorientierung.

Da in den Messenger-Diensten kein Content aktiv von der Marke veröffentlicht werden kann, lassen wir die Betrachtung der Messenger-Dienste bei der Kanalplanung außen vor.

Nutzwertanalyse der Kanäle
Betrachten Sie alle relevanten sozialen Netzwerke. Bewerten Sie die jeweilige Mechanik und die Nutzwerte je Kanal, unabhängig davon, welche Kanäle Sie später einsetzen werden. Analysieren und bewerten Sie je Netzwerk folgende Kriterien:

• Kurzbeschreibung
• Nutzungsmöglichkeiten
• Zielgruppen
• Formate
• Stärken
• Schwächen
• Chancen
• Risiken

Gleichen Sie die Ergebnisse der Zielgruppen-Nutzwerte mit Ihren Personas ab.

5.5   Die optimale Inszenierung

5.5.1   Relevante Formate für den PCI

Bewegtbild
Videos sind eines der beliebtesten Formate in den sozialen Netzwerken. Hier gilt die Regel: Je kürzer ein Video, desto erfolgreicher. Videos mit weniger als einer Minute Gesamtlänge sind am erfolgreichsten. Allerdings ist die Länge auch abhängig von Thema und Zielgruppe. Es gibt durchaus Zielgruppen, die längere Videos konsumieren und eine längere Aufmerksamkeitsspanne besitzen. Da die sozialen Netzwerke überwiegend von Mobilgeräten abgerufen werden, achten Sie bereits bei der Produktion darauf, dass Sie mobiltaugliche Formate verwenden.

Berücksichtigen Sie bei der Produktion Ihrer Videos außerdem folgende Punkte:

- gute Lichtverhältnisse (z. B. Kopflicht)
- guter Ton (z. B. Ansteck-Mikro)
- kurze Spieldauer (1 bis max. 3 min)
- 1:1 Format (Quadrat) oder 9:16 Format (Hochformat)
- bei YouTube: Querformat 16:9

Bildmotive (Stills)
Die Nutzer der sozialen Netzwerke werden mit einer Flut an Informationen überfordert. Ihr Content muss sich von der Masse abheben. Ihr Ziel ist es, dass der User beim Scrollen durch seinen Feed bei Ihrem Bild stoppt (Finger-Stopping-Prinzip). Das erreichen Sie durch hochwertige und besondere Bilder.

Auch hier gilt: Verwenden Sie mobile Formate und kein Querformat (16:9). Arbeiten Sie mit einem erfahrenen Fotografen, der die Aufnahmen produziert und die besten Bilder professionell nachbearbeitet. Alternativ kann der PCI sich das Wissen über professionelle Fotografie auch über Tutorials autodidaktisch aneignen.

So produziert der PCI hochwertige professionelle Bilder für die Social Media:

- Vordergrund macht Bilder bunt: Schaffen Sie durch Objekte im Vordergrund ein lebendiges Motiv.

- Achten Sie bereits beim Shooten auf das Endformat 1:1 (Quadrat 1.080px × 1.080px) oder 9:16 (Hochformat 1.080px × 1.920px).
- Schaffen Sie Tiefe durch Objekte, die im Motiv eine weite Dimension abbilden. Solche Objekte sind zum Beispiel: Der Verlauf einer Straße, ein Treppenhaus oder eine Brücke. Arbeiten Sie mit Unschärfe im Hinter- und Vordergrund.
- Nutzen Sie Wasser und/oder Licht für Reflektionen und Spiegelungen.
- Bewegung schafft Dynamik. Springen Sie z. B. in die Luft oder bewegen Sie sich natürlich. So werden Sie in einer außergewöhnlichen Position fotografiert.
- Produzieren Sie kurze Video-Snippets oder Serienaufnahmen für Boomerangs oder Stories.
- Shooten Sie sehr viele Aufnahmen und wählen Sie anschließend die besten zehn bis 20 Motive aus.
- Bearbeiten Sie die Bilder im Nachhinein mit einem professionellen Tool und nutzen Sie relevante Filter.
- Ziel ist es, dass die Aufnahme natürlich und authentisch wirkt, aber einen „Wow-Effekt" beim Betrachter auslöst.

Stories
Stories sind für den PCI ein perfektes Instrument, um die Follower in den Alltag zu integrieren, Nähe zu schaffen und dadurch das Vertrauen seiner Follower zu stärken. Durch den Echtzeitcharakter der Stories gibt der PCI Ihren Followern das Gefühl, mit dabei zu sein. Dieses Gefühl verstärkt der PCI, indem in den Stories Dialog geführt wird (z. B. Fragesticker etc.) und vor der Kamera zu dem einzelnen Follower gesprochen wird. Greifen Sie die Dialoge Ihrer Follower in den Stories auf und beantworten Sie diese wiederum in einer eigenen Story.

Das Story-Format ist das beliebteste Format in den Social Media und generiert die höchsten Reichweiten. Eine Story bei Instagram ist 15 s lang. Sie müssen also Ihre Botschaft immer auf den Punkt bringen. Achten Sie darauf, dass Sie nicht länger als eine Minute Story produzieren, da die Aufmerksamkeitsspanne in den Social Media sehr kurz ist. Die Kommunikation in Stories erfordert eine hohe Frequenz. Wir empfehlen Ihnen, täglich mindestens zehn bis 15 Stories zu veröffentlichen.

Externe Links
Bei Instagram müssen Sie ein verifizierter User sein oder mindestens 10.000 Follower haben, um externe Links setzen zu können. Eine Verifizierung wird nur bei

bekannten Persönlichkeiten der Öffentlichkeit durchgeführt. Bei Instagram und Tik-Tok ist eine Linksetzung Weder in Videos noch in Post-Texten auf eine externe URL möglich.

Live-Formate
Noch mehr Nähe und Echtzeitkommunikation erreichen Sie mit Live-Formaten. Jedes soziale Netzwerk bietet diese Funktion inzwischen an. Die Voraussetzungen verändern sich hin und wieder bei den Networks. Bei TikTok müssen Sie mindestens 1.000 Follower haben, um das Live-Format nutzen zu können. In Live-Events können Sie noch gezielter auf Fragen Ihrer Follower eingehen.

5.5.2 Die Inszenierung optimieren

Quality of content
Je höher die Qualität Ihres Contents, desto erfolgreicher wird der PCI sein. Dies betrifft die inhaltliche Qualität (Themen, Mehrwerte) und die visuelle Qualität der Bilder und Videos. Dabei bewahrt der PCI immer die Authentizität innerhalb Ihrer Community. Denn Authentizität ist das Kapital des PCI. Überschreiten Sie nicht die Grenze zum Glossy-Unauthentischen. Dann können die Contents werblich und künstlich wirken.

Ihr Feed
Ihre Kanalseite (Feed) ist Ihre Visitenkarte im Social Network. Wird ein User auf Sie innerhalb eines Netzwerks aufmerksam, besucht er in aller Regel Ihren Feed (= Profil). Auf Ihrem Profil entscheidet sich, ob der User Ihnen folgt oder nicht. Gestalten Sie Ihren Feed daher harmonisch und übersichtlich. Der User muss auf einen Blick erkennen, was Ihr Kernthema ist. Harmonie in Ihrem Feed erreichen Sie, indem Sie zum Beispiel einen Farbfilter beziehungsweise Farbmood bei allen Ihren Contents verwenden. Berücksichtigen Sie hierbei auch saisonale Besonderheiten und variieren Sie Ihren Farbmood im Kontext von visuellen Elementen Ihrer Marke, Ihren Produkten und Kampagnen.

Achten Sie bei Ihren Feed-Posts und der Motivauswahl auf starke und aussagekräftige Motive. Dadurch überzeugen Sie die Besucher Ihrer Kanalseite und heben sich außerdem vom umfangreichen Content im Newsfeed ab.

Protagonisten
Inszenieren Sie Ihren Content mit Protagonisten. Dadurch reichen Sie Ihren Content
episch an, erhöhen die Aufmerksamkeit und die Authentizität. Nutzen Sie hierzu
beispielsweise folgende Gruppen:

- Kunden
- Mitarbeiter
- Experten
- Manager oder Vorstand
- Team
- Celebrities
- Influencer
- Follower
- Andere Dritte, die eine Geschichte erzählen

5.6   Strategische Content- und Themenplanung

Bei der strategischen Content- und Themenplanung beschäftigen wir uns mit den
einzelnen Beiträgen zu den definierten Themenkategorien. Hierzu empfehle ich
Ihnen, ein Tool oder alternativ eine Excel-Tabelle aufzubauen. Ein Beispiel zur
strategischen Content- und Themenstruktur finden Sie in Abschn. 5.6. Wichtig
bei der Planung ist es, dass Sie möglichst alle Themen im Planungszeitraum
berücksichtigen.
Je Beitrag definieren wir die einzelnen strategischen, taktischen und ope-
rativen Kommunikationsziele (siehe Abschn. 5.7). Ich empfehle Ihnen, eine
Vorabplanung für drei bis sechs Monate anzustellen. Es ist fatal, wenn ein PCI
Beiträge ad-hoc produzieren muss und nicht auf eine zumindest rudimentäre
Themenplanung zurückgreifen kann. Das schädigt die Qualität des Ergebnisses
(Content).

5.6.1   Kategorien

Anhand der Zielgruppendefinition und unserer Content- und Keyword-Analyse,
definieren wir anhand der vorhandenen Ressourcen zwei bis vier Themenkategorien. Um später eine Hilfestellung bei der Beitragsplanung zu erhalten, entwickeln
wir zu diesen Themenkategorien einzelne Subkategorien.
Das Beispiel in Abb. 5.2 zeigt eine Social-Media-Agentur, die über aktu-

	A	B	C	D	E	F	G
			KW 18	**KW 19**	**KW 20**	**KW 21**	**KW 22**
1	Kategorie	Sub-Kategorie	KW 18	KW 19	KW 20	KW 21	KW 22
2	#mehrfollower	Cases, Beispiele, Best Practice					
3		Tipps & Tricks			X	X	X
4	#networks	Facebook					
5		Instagram	Live	X	X	X	
6		YouTube					
7		TikTok	X				
8		Twitter					
9		Snapchat					
10		Pinterest					
11		Nutzerverhalten					
12		Trends			X		
13	#mybusiness	Werbekooperationen					
14		Rechtliches					
15		Inspiration	X			X	
16		News CC-Markt					X
17		News Influencer Mark.	X		X		
18		Events					
19		Best Practices		X			
20		Tipps & Tricks	X			X	
21		Studien & Statistiken					
22		Trends					X
23	#sentimeo	In eigener Sache	X	X		X	X

Abb. 5.2 Kategorienplanung

elle Entwicklungen der sozialen Netzwerke berichtet und eine fachliche Aus- und Weiterbildung für Content Creator anbietet. Zunächst wird dargestellt, wann welche Kategorien bedient werden. Im Gesamtbild sieht man, dass alle Themenkategorien im Planungszeitraum Berücksichtigung finden.

5.6.2   Beitragsplanung

Innerhalb jeder Themen-Kategorie notieren wir nun Ideen für einzelne Beiträge. Vereinbaren Sie mit Ihren Steakholder Termine für regelmäßige Redaktionssitzungen. Mit Sicherheit erhalten Sie aus allen Bereichen Ihres Unternehmens Impulse, die in Ihre Beitragsplanung einfließen können. Abb. 5.3 zeigt, wie die die Darstellung einer handschriftlichen Dokumentation bei unserer Beispiel-Agentur aussehen kann.

Im Idealfall können Sie Beitragsserien kreieren. Dies kann zum Beispiel eine Story sein, die über mehrere Ausgaben und Folgen fortgesetzt wird. Das bindet die Zuschauer und Persona an die Geschichte. Eine kreative Klammer erhöht zudem den Wiedererkennungswert und lässt den Zuschauer schnell erkennen, um welche

Datum	KW	Titel	Beschreibung	Strategisches Ziel	Format	Insta & FB Feed	Insta & FB Story	YouTube

Abb. 5.3 Beitragsplanung

inhaltlichen Formate es sich handelt. Dies können zum Beispiel farbliche Rahmen oder Elemente in Ihren Motiven der Postings sein.

Die Art der Beiträge bestimmt das spätere Ausgabeformat. Hierbei achten wir auf Variation, sodass alle relevanten Kanäle in der Gesamtplanung berücksichtigt und genutzt werden.

Für jeden Beitrag definieren Sie nun Ihre Kommunikationsziele. Im Beispiel unserer Dokumentation in einer Excel Tabelle (s. Abb. 5.2 und Abb. 5.3) ergänzen wir weitere Spalten je Kommunikationsziel. Nun ist es wichtig, eine Gesamtübersicht der Beitragsplanung zu erfassen. So sehen Sie, welche Kommunikationsziele Sie in der Gesamtplanung berücksichtigt haben. Sollten einzelne Kommunikationsziele noch nicht berücksichtigt worden sein, können Sie an dieser Stelle entsprechend korrigieren und anpassen. Sobald die groben Beitragsideen notiert wurden, planen Sie die einzelnen Beiträge und Formate inhaltlich. Die relevanten Kanäle haben wir bereits in Abschn. 5.4 definiert.

5.6.3 Content-Formate planen

Nun planen wir die relevanten Formate für die Beiträge. Die Formate leiten wir aus dem jeweiligen Inhalt und der Zielstellung ab.

- **Blog-Artikel:** Dieses Format veröffentlicht textfokussierte Inhalte in unserem Content Hub (zum Beispiel Homepage, Blog, Kampagnen-Microsite). Das

Format eignet sich ideal für komplexe Themendarstellungen und Inhalte, die der Nutzer ausdrucken und im Nachhinein nachlesen kann. Das können zum Beispiel komplexe B2B-Themen, White Paper, Studien, How-tos, Rezepte, Anleitungen und Beschreibungen umfassender Sachverhalte sein.

- **Gewinnspiel:** Gewinnspiele sind Formate, bei denen die Nutzer die Adresse hinterlegen und einen Preis gewinnen können. Die Darstellung ist in eigenen Kanälen (zum Beispiel Homepage) möglich, aber auch in den sozialen Netzwerken selbst. Achten Sie bei Gewinnspielen darauf, dass sie auch Ihre potenzielle Käuferzielgruppe erreichen. Gewinnspiele sind eine sehr performancestarke Mechanik, sie können aber auch in nicht relevante Zielgruppen abdriften.

- **Umfrage:** Fragen führen zu einer hohen Interaktion und beziehen die Nutzer stark ein. Sie sind in eigenen Kanälen möglich, werden aber überwiegend in den sozialen Netzwerken durchgeführt. Diese bieten spezielle Mechaniken, die den Nutzern der Social Media geläufig sind. Dadurch erreichen Sie eine höhere Teilnahmequote. So bietet zum Beispiel Instagram verschiedene Umfragen-Sticker in Stories an. Die direkte Anzeige der Umfrageergebnisse erhöht die Viralität des Contents. Das wiederum sorgt für eine hohe Interaktion.

- **Crowd-Sourcing:** Nutzen Sie Ihre Community, um neue Produkte zu entwickeln oder bestehende Produkte zu verbessern. Durch Crowd-Sourcing fühlen sich die Follower als Teil der Entwicklung, können sich damit profilieren und einbringen. Crowd-Sourcing wird in eigenen Kanälen durch entsprechende Kampagnen- und Microsites umgesetzt und fördert den späteren Abverkauf.

- **Wettbewerb:** Ein Wettbewerb involviert Ihre Follower und bezieht sie aktiv in die Content-Gestaltung mit ein. Dies kann zum Beispiel ein Fotowettbewerb sein. Auch hier profilieren sich die Follower durch eigenen Content. Die Umsetzung erfolgt überwiegend in eigenen Kanälen, auf einer Kampagnen- oder Microsite. Ein Wettbewerb kann auch innerhalb eines sozialen Netzwerkes umgesetzt werden.

- **Streitgespräch:** Produzieren Sie ein polarisierendes oder kontroverses Interview in Textform oder als Video. Dieses Format eignet sich bei Themen mit Bezug zu aktuellen Themen, die Ihre Persona beschäftigen.

- **Infografik:** Stellen Sie Fakten, Analysen oder Daten zu einem Thema schnell erfassbar und grafisch aufbereitet in einer Infografik da. Die Veröffentlichung eignet sich zum Beispiel auf eigenen Kanälen, in B2B-Kanälen oder bei Pinterest.

- **Bild:** Wählen Sie intensive und aussagekräftige Motive, die sich im Feed von anderen Bildern abheben. Achten Sie darauf, dass die Motive nicht zu kleinteilig sind. Motive mit Text funktionieren in den Social Media schlechter als

Motive ohne Text. Der Grund dafür ist die werbliche Anmutung. Ebenso werden Motive, die mehr als 25 % Text enthalten, bei einer medialen Verlängerung als Ad schlechter ausgespielt. Zitate als Bildmotiv funktionieren gut. Bilder können in den meisten sozialen Netzwerken veröffentlicht werden, aber auch auf eigenen Kanälen wie zum Beispiel der Homepage oder einem Blog.

- **Posting:** Ein Posting ist eine textliche Kurznachricht, die in der Regel zusammen mit einem Bildmotiv oder Video veröffentlicht wird. Dies können zum Beispiel Hintergrundfakten, aktuelle Neuigkeiten zu Ihrem Produkt oder Ihrer Marke sein und zu personellen Veränderungen im Unternehmen. Achten Sie bei der Formulierung auf eine offene Fragestellung, damit Ihr Posting viele Interaktionen in Form von Kommentaren erreicht.
- **Erklärvideo:** Stellen Sie in einem Video dar, wie komplexe Zusammenhänge mit Ihrem Produkt oder ihre Dienstleistung funktionieren. Die Erklärung erfolgt auf verständliche und einfache Weise. Nutzen Sie innerhalb des Videos Textinformationen oder Animationen, um eine abwechslungsreiche Kommunikation zu gewährleisten. Produzieren Sie 15- bis 30-sekündige Teaser-Videos (Snackable Content), um relevante Formate in verschiedenen Kanälen veröffentlichen zu können.
- **Story-Video:** Die Aufmerksamkeitsspanne in den sozialen Netzwerken ist sehr gering (maximal 15 bis 30 s). Aus diesem Grund ist das Story-Format in den verschiedenen Social Media sehr beliebt und generiert die höchsten Reichweiten. Nutzen Sie dieses Format, um auf weiterführende Contents wie zum Beispiel Postings oder Erklärvideos zu verweisen.
- **Studie:** Veröffentlichen Sie eigene Studien oder verweisen Sie auf für Ihre Zielgruppe relevante Branchenstudien. Dieses Format ist im B2B-Bereich beliebt. Produzieren Sie hierfür weitere relevante Kurzformate, um diese als Teaser in den Social Media zu veröffentlichen und auf die Studie zu verlinken.
- **Interview-Video oder Blogbeitrag:** Interviewen Sie Spezialisten, Kunden, Mitarbeiter/innen oder Geschäftspartner. Die Einbeziehung Dritter macht Ihren Content authentisch. Ein solches Interview greift die Meinungen und die Kritik der Zielgruppe auf und beantwortet diese authentisch von einer dritten (unabhängigen) Person.
- **Checkliste:** Geben Sie Ihre Zielgruppe in Form von Checklisten eine konkrete Arbeitshilfe bei der Lösung ihrer Informationsbedarfe oder täglichen Herausforderungen.

5.6.4 Regelkommunikation

Bei der Regelkommunikation sprechen wir von der regelmäßigen Kommunikation innerhalb Ihrer sozialen Netzwerke wie zum Beispiel Instagram, Facebook oder TikTok.

Empfehlungen für Planung und Umsetzung der Regelkommunikation
1. Bisherige Content-Strategie und Themenplanung sichten
2. Storyline für die PCI-Kommunikation planen
3. Definition, welche Pieces in welcher Frequenz genutzt werden können
4. Inhaltliche Definition der PCI-Contents
5. Detaillierte Storybooks erstellen
6. Produktionen terminologisch planen und umsetzen
7. Post-Produktion
8. Veröffentlichung

Daneben werden Echtzeit-Veröffentlichungen wie z. B. Stories autark und aktuell produziert und veröffentlicht. Nutzen Sie den Bezug zu aktuellen Themen und Trends in den Social Media. Der PCI spricht immer die Sprache der Zielgruppe, damit sich die Buyer Persona mit ihm identifizieren kann.

Der PCI bezieht das Team oder Mitarbeiter des Unternehmens in seine Contents ein. Er nimmt den Zuschauer mit durchs Unternehmen und fängt die positive Stimmung bei Kolleginnen und Kollegen ein. Mehr zur Inszenierung in Abschn. 5.5.

Der PCI fängt das Feedback der Community ein, analysiert dieses und wendet die Erkenntnisse bei der zukünftigen Content-Planung an. Er übernimmt die moderierende Rolle bei der Vorstellung von klassischen Corporate Influencern und ihren Fach-Contents. Er begeistert die Community, unterhält sie und schafft immer wieder neue Erlebnisse, welche die Marke menschlich und nahbar wirken lässt.

▶ **Spontanität:** Der PCI hat immer den Freiraum, spontane Contents zu produzieren und zu veröffentlichen. Live-Formate eignen sich ideal für solche Inhalte. Sie geben dem User das Gefühl, mit dabei zu sein. Er ist Teil den Contents, kann mit dem PCI live in Kontakt treten und seine Fragen stellen. Der PCI beantwortet alle Kommentare und Dialoge selbst, soweit dies seine Kapazitiv zulässt.

Kampagnenkommunikation
Kampagnen werden innerhalb der Gesamtkommunikation des PCI integriert. Wichtig bei einer Kampagne ist eine authentische Story. Die Story steht im Mittelpunkt der Kommunikation und schafft die Brücke zum Produkt oder der Marke. Sie ist an den Kampagnenzielen ausgerichtet und in mehrere Phasen unterteilt. Sie ermöglicht eine nicht-werbliche Kommunikation und schafft dadurch mehr Wahrnehmung in den Social Media.

Da die klassische Push-Werbung in den Social Media nicht mehr funktioniert, kann eine konsistente nachhaltige Story das Interesse an der Marke und die Bindung steigern. Eine Story muss chronologisch aufgebaut sein und einen Spannungsbogen enthalten, sodass der User an die nächste Veröffentlichung der Story gebunden wird und der Story folgt. Es gibt sehr viel Story-Material im Umfeld der Marke. Erzählen Sie zum Beispiel die Geschichte Ihrer Kunden und ihre Erfahrungen mit ihrer Marke.

Integrieren Sie solche Kampagnen-Contents in die Regelkommunikation. Ziel ist es, dass der User es seinen „Freunden" im Netzwerk zeigen möchte und ein Share auslöst.

▶   Für Storys und Content generell gilt: Achten Sie auf Viralität! Mehr dazu in Abschn. 5.1.

5.7   Kommunikative Ziele

In Abschn. 2.2 haben wir uns bereits mit den Kommunikationszielen des PCI beschäftigt. Nun definieren wir die relevanten Kommunikationsziele für jeden einzelnen Beitrag (s. Abb. 5.4). Ergänzen Sie die Planung Ihrer Beiträge um folgende weitere Spalten:

• Businessziel
• Strategisches KZ
• Taktisches KZ
• Operatives KZ

Datum	KW	Titel	Businessziel	Strategisches Komm.-Ziel	Taktisches Komm.ziel	Operatives Komm.ziel
Mittwoch, 29. April 2020	18	Jubiläum Firma 125 Jahre	Identifikation	Markenführung	Markenwahrnehmung	Prozessoptimierung
Mittwoch, 29. April 2020	18	Sonderangebot Heimshorts	Steigerung Sales	Preisführerschaft	Besuch Store	Prozessoptimierung
Freitag, 1. Mai 2020	18	Maifeiertag Zitat	Kundenbindung	Beziehung aufbauen	Reaction	Prozessoptimierung
Sonntag, 3. Mai 2020	18	Rabatt Coupon	Steigerung Sales Online	Preisführerschaft	Besuch Store	Prozessoptimierung
Montag, 4. Mai 2020	19	Stellenanzeige Azubi	Neue Mitarbeiter finden	Nutzer aktivieren	Traffic	Prozessoptimierung
Mittwoch, 6. Mai 2020	19	Fakten über den Ort	Mitarbeiter binden	Vertrauen aufbauen	Reaction	Prozessoptimierung
Samstag, 9. Mai 2020	19	Modetrend: Schlaghuh	Innovation	Inspiration	Traffic	Prozessoptimierung
Montag, 11. Mai 2020	20	Verlosung Gutschein	Kundenbindung	Vertrauen aufbauen	Lead	Prozessoptimierung
Mittwoch, 13. Mai 2020	20	Beruf ... Hookahtoo	Innovation	Inspiration	Traffic	Prozessoptimierung
Samstag, 16. Mai 2020	20	Fun: Spruch Beine	Empfehlungen	Vertrauen aufbauen	Buzz	Prozessoptimierung
Montag, 18. Mai 2020	21	DIY: Jeans Brotkorb	Kundenbindung	Inspiration	Traffic	Prozessoptimierung

Abb. 5.4 Beispiel Beitragsplanung mit Business- und Kommunikationszielen

Business Ziele Im Zentrum unserer Mehrwert Kommunikation steht der Informationsbedarf unserer Zielgruppe (Persona). Gleichzeitig sind wir ein Wirtschaftsunternehmen oder eine Organisation und haben wirtschaftlich geprägte Ziele, die wir erreichen möchten. Dies kann zum Beispiel der Verkauf von Produkten und Dienstleistungen sein, die Wahrnehmung der Marke oder die Anbahnung von Neukundengeschäft. Wir berücksichtigen diese Business-Ziele innerhalb unserer Content- und Themenplanung. Wir referenzieren für jeden Beitrag unsere **Business-Ziele**.

- Innovation
- Produktivität erhöhen
- Steigerung Verkäufe
- Umsatz erhöhen
- Anfragen generieren
- Kundenzufriedenheit erhöhen
- Empfehlungen
- Bestandskunden aktivieren
- Neukunden generieren
- Neue Geschäftspartner generieren
- Support
- Überzeugen
- Mitarbeiter binden
- Mitarbeiterzufriedenheit erhöhen
- Neue Mitarbeiter generieren

- Identifikation mit der Marke
- Kosteneffizient erhöhen

Strategische Kommunikationsziele Im Rahmen der Markenstrategie werden
Ziele definiert, welche wir mithilfe der Marketingkommunikation erreichen möchten. Hier gilt insbesondere, wie unser Empfänger der Kommunikation uns als Marke
wahrnehmen soll.

- Beziehungen aufbauen
- Community aufbauen
- Crowdsourcing
- User Generated Content (UGC)
- Inspirieren
- Kompetenzführer sein
- Krisensicherheit
- Markenführung
- Influencer aktivieren
- Qualitätsführer sein
- Preisführer sein
- Reputation
- Serviceführer sein
- Sympathieführer sein
- Innovationsführer sein
- Nutzer aktivieren
- Vertrauen

Taktische Kommunikationsziele Das Vorgehen innerhalb der Kommunikation,
um unsere Kommunikationsziele zu erreichen, definieren wir in der Taktik. Mit den
taktischen Kommunikationszielen setzen wir eine Zielstellung, welche Handlung
beziehungsweise Aktion der Nutzer ausführen soll.

- Teilnehmer
- Leads
- Abonnent
- Follower/Fan
- Aufmerksamkeit
- Backlinks
- Bekanntheit
- Buzz

- Feedback
- Like
- Share
- Kommentar
- Reaction
- Markenwahrnehmung
- Ranking/SEO
- Sichtbarkeit
- Besucher/Traffic

Sie sehen, unsere Tabelle wird immer größer. Spätestens jetzt sollten Sie sich überlegen, auf ein Redaktionstool wie zum Beispiel Scompler zurück zu greifen.

5.8 Trust und Follow

Vertrauen bezeichnet die subjektive Überzeugung von der Richtigkeit oder Wahrheit von Handlungen, Einsichten und Aussagen bzw. der Redlichkeit von Personen. Authentische Kommunikation und Handeln des PCI vor der Kamera baut Vertrauen auf und kann es verstärken. Vertrauen ist ein wichtiger Baustein, um unsere Businessziele zu erreichen, und führt im Idealfall zu einer Interaktion, einem Follow oder einem Kauf.

5.8.1 Authentizität aufbauen und stärken

Ziel des PCI ist es, Vertrauen zu Menschen aufzubauen. Vertrauen entsteht durch Nähe, Ehrlichkeit, Transparenz und Offenheit. Authentisch sein bedeutet, echt zu sein. Authentizität bedeutet Echtheit im Sinne von „als Original befunden". Das Ziel ist es, von den Nutzern der sozialen Netzwerke als authentisch wahrgenommen zu werden. Empfinden die Menschen den PCI als nicht authentisch, entsteht kein Vertrauen (kein Follow) oder die Menschen entfolgen ihm.

Es gibt verschiedene Methoden, um die Authentizität des PCI zu stärken oder zu erhöhen. Führen Sie viel Dialog mit Ihrer Community. Kommentieren Sie so weit wie möglich auf Feedback zu Ihren Veröffentlichungen. Interagieren Sie mit Fragen-Sticker in Instagram-Stories. Generieren Sie damit wertvolles Feedback Ihrer Follower und richten Sie Ihren Content an deren Bedarfen und Wünschen aus.

5.8.2 Follower in Contents einbeziehen

Es ist sehr wertvoll, wenn eine dritte, unabhängige Person, sich positiv über die Marke oder Ihr Produkt äußert, denn damit ist eine Empfehlung für Ihre Marke verbunden. Die Mechanik von Social Media hat das Ziel, mit Menschen in den Dialog zu treten. Die Social Media sind kein Werkzeug für eine Einweg-Kommunikation. Nutzen Sie daher eine bidirektionale Kommunikation und beziehen Sie konstruktive Dialoge Ihrer Follower in Ihre Beiträge ein. Die spannendsten und besten Geschichten kommen meistens direkt aus der Community. Seien Sie wachsam und greifen Sie diese Themenimpulse Ihrer Follower auf.

Dialoge führen

Nichts ist anonymer und unauthentischer, als wenn sich der Nutzer als eine Nummer unter vielen fühlt. Dieses Gefühl entsteht zum Beispiel beim Einsatz von Chat-Bots. Ein echter zwischenmenschlicher Dialog des PCI stärkt die Authentizität und die Marke. Die Marke beweist mit dem PCI eine hohe Kunden- und Serviceorientierung. Leider ist der Dialog bei einer Community ab 100.000 Followern nur noch eingeschränkt möglich. Identifizieren Sie Ihre aktivsten Follower und gehen Sie auf ihre Fragen und Kommentare persönlich ein. Nutzen Sie in diesem Fall ein externes oder internes Community Management, das eine entsprechende Vorselektion für den PCI vornimmt.

Tipps zur Förderung von Authentizität und Nähe
- **Vor der Kamera zeigen:** Der Arbeitsplatz des PCI ist immer vor der Kamera, nicht dahinter. Eine interpersonelle Kommunikation erfordert es, Gesicht zu zeigen. Authentische Dialoge vor der Kamera stärken die Authentizität und schaffen Vertrauen bei den Zuschauern.
- **Hohe Frequenz:** Gewährleisten Sie eine hohe Frequenz in der Veröffentlichung von kurzweiligen Inhalten, wie zum Beispiel dem Story-Format. Das Story-Format schafft Nähe zwischen Follower und PCI. Veröffentlichen Sie täglich mindestens zehn bis 15 Stories Snippets.
- **Live-Formate:** Nutzen Sie regelmäßig die Live-Formate der sozialen Netzwerke. Diese Formate verstärken den Echtzeitcharakter der

Kommunikation zwischen PCI und Community. Planen Sie im Vorfeld, Follower mit in die Live-Formate zu schalten. Das erhöht die Identifikation, Authentizität und den Trust in die Marke.

- **Seien Sie, wie Sie sind!** Verstellen Sie sich nicht. Seien Sie so, wie Sie sind. Machen Sie auch einmal Fehler und geben Sie diese zu. Aber achten Sie darauf, dass Sie dabei Ihre Wettbewerbsfähigkeit nicht gefährden.

5.9 Dialogführung und der Umgang mit Kritik

5.9.1 Kommunikation mit der Community

Die Follower erwarten, dass sich der PCI mit ihnen unterhält. Daher ist es wichtig, den ständigen Dialog innerhalb der Community zu führen. Das vermittelt Ihren Followern das Gefühl, anerkannt zu werden, schafft Nähe und stärkt das Vertrauen in die Person PCI. Der Dialog schenkt Ihnen wichtige Einblicke, wie Ihr Content ankommt und was sich Ihre Community wünscht. Daher gehen Sie – wenn es die Größe der Community erlaubt – auf alle Dialoge Ihrer Follower ein.

Erreicht Ihre Community eine Größe von über 100.000 Followern und Ihre Beiträge dadurch hohe Reichweiten und Interaktionen, wird es zunehmend schwieriger, auf Kommentare einzugehen und diese zeitnah zu beantworten, weil der PCI die Flut der Kommentare dann nicht mehr bewältigen kann. In diesem Fall helfen die Algorithmen der sozialen Netzwerke. Diese filtern bereits die relevanten Kommentare, welche die höchste Interaktion in Ihrem Beitrag generiert haben. Meistens werden diese Kommentare als Top-Kommentare deklariert.

Wenn Sie nicht auf alle Kommentare antworten können, so beantworten Sie zumindest diese Top-Kommentare und solche, die eine konkrete Frage an die Marke stellen. Vertaggungen, Emojis oder einfach nur Aussagen zum Beitrag (ohne konkrete Fragestellung), sind nicht dialogfähig und können auch unbeantwortet bleiben. Schenken Sie Kommentaren oft ein Like, das stärkt die Bindung zum Nutzer.

Auch bei den Direktnachrichten kann der PCI ab einer Größe von 100.000 Followern nicht mehr alle Nachrichten zeitnah beantworten. In diesem Fall helfen die Netzwerke mit entsprechenden Filtern ebenso, die relevanten Nachrichten darzustellen. In Ihrem Hauptordner werden nur Nachrichten von Personen angezeigt, mit welchen der PCI häufig interagiert oder wenn Sie zu den Top-Followern zählen. Ich empfehle, Ihren kompletten Posteingang zu sichten. Es können sich unter

den Nachrichten auch potenzielle interessante Content-Ideen befinden. Wenn
der PCI merkt, dass Nachrichten und Kommentare nicht innerhalb von 24 h
beantwortet werden können, greift er auf externe Unterstützung zurück.

Nutzen Sie in Dialogen immer eine diplomatische und konstruktive Umgangs-
form.

Fokus auf positives Feedback

Der Umgangston in den Social Media ist rau. Rechnen Sie damit, dass einige Kritik
und sogar Beschimpfungen und Beleidigungen auf Sie zukommen. Die Anonymität der Social Media ermutigt einige Nutzer, ihren Unmut ohne Filter bei Ihnen
abzuladen.

Verschließen Sie nicht die Augen vor kritischen Kommentaren. Bewerten Sie, ob
die Kritik berechtigt und konstruktiv ist. Ist eine Kritik berechtigt, gestehen Sie
Fehler ein und stärken Sie dadurch Ihre Authentizität. Nehmen Sie berechtigte
Kritik zum Anlass, sich zu verbessern.

Ignorieren Sie unberechtigte Kritik, Beschimpfungen und nicht konstruktive Aussagen. Legen Sie Ihren Fokus auf das positive Feedback. Ein Like
ist ein positives Feedback. Richten Sie Ihre Aufmerksamkeit auf die zahlreichen Bestätigungen und Lobe des PCI und Ihres Contents. Blockieren Sie User,
die Sie regelmäßig unberechtigt beschimpfen, beleidigen oder sich rechtswidrig
verhalten, und leiten Sie ggf. rechtliche Schritte ein.

Werte und Verantwortung

Der PCI hat eine hohe Verantwortung gegenüber der Community. Da die Social
Media von jungen Menschen und von Minderjährigen genutzt werden, die leichter
zu beeinflussen sind, ist sich der PCI dieser Verantwortung noch mehr bewusst. Sie
sehen den PCI als Vorbild, vertrauen ihm und übernehmen sogar seine Meinung. Das
erfordert in manchen Themenbereichen viel Fingerspitzengefühl und umfassende
Erläuterungen in der externen Kommunikation.

Empfehlungen für die Kommunikation des PCI
- Vermitteln Sie ethisch korrekte Werte.
- Seien Sie sich jederzeit Ihrer Verantwortung bewusst. Weisen Sie auf
  Handlungen, die gefährlich sind, gesondert hin und verbieten Sie die
  Nachahmung.

- Vermeiden Sie Gewaltverherrlichung oder Aussagen, die Gewalt befürworten.
- Viele PCI lassen grundsätzlich religiöse und politische Themen außen vor und äußern sich nicht zu solchen Themen. Dies ist eine individuelle Entscheidung der Marke und abhängig von der Natur der Marke (Branche).
- Beachten Sie das Recht auf freie Meinungsäußerung und weisen Sie gleichzeitig auf rechtswidrige Äußerungen hin.
- Nutzen Sie konstruktive Umgangsformen, seien Sie in Dialogen fair und diplomatisch. Vermeiden Sie Beschimpfungen oder Beleidigungen von Ihrer Seite ausgehend.
- Äußeren Sie sich nicht herabsetzend über Marken oder Produkte der Marktbegleiter.
- Stellen Sie sich gegen Gewalt und schützen Sie benachteiligte Menschen und Minderheiten.
- Verhalten Sie sich nicht rechtswidrig (siehe Abschn. 4.5). Vermeiden Sie rechtswidrige Aussagen wie Beleidigungen, falsche Tatsachenbehauptungen, vergleichende Werbung und Schmähkritik.
- Verhalten Sie sich nicht sexuell oder geschlechtlich diskriminierend.
- Erkennen und berücksichtigen Sie Ihre Verantwortung gegenüber minderjährigen Nutzern.

Die Spielregeln

Vereinbaren Sie mit Ihrer Community klare Spielregeln zum Verhalten und zum Dialog in Ihren Kanälen. Viele soziale Netzwerke bieten die Möglichkeit, diese Spielregeln in einem Freitextfeld zu hinterlegen. Erstellen Sie zusätzlich eine Seite auf Ihren eigenen Kanälen, die diese Spielregeln dokumentieren. Man nennt diese Spielregeln auch „Netiquette".

Hier ein Beispiel einer Netiquette auf Facebook. Ergänzen Sie diese um Ihre Datenschutzbestimmungen nach der DSGVO und ggf. branchenindividuellen Bestimmungen.

Beispiel

Wir freuen uns, wenn Ihr Kommentare, Fotos, Videos und Links auf unserer Seite postet. Damit ALLE Besucher dieser Seite Freude daran haben, bitten wir Euch, folgende Spielregeln zu beachten:

- Keine rechtswidrigen Inhalte verfassen (Beleidigungen, rechtsextreme oder rassistische Beiträge, illegale Beiträge)
- Keine sexistischen, pornographischen oder gewaltverherrlichenden Beiträge erstellen
- Keine Werbung hinterlassen
- Keine unsachgemäßen Kommentare oder Diskriminierungen posten
- Respektvoller und konstruktiver Umgang
- Keine sensiblen Daten veröffentlichen
- Die Pinnwandsprache ist deutsch
- Lade nur Bilder und Videos hoch, deren Urheber Du bist
- Die Nutzungsbedingungen von Facebook beachten

Wir behalten uns vor, Einträge, die gegen diese Spielregeln verstoßen, kommentarlos zu löschen und bei wiederholtem Verstoß Nutzer für die Seite zu sperren. Wir übernehmen keine Haftung und Verantwortung für von Nutzern eingestellten Kommentare, Links, Fotos oder Videos. Diese Beiträge geben nicht immer die Meinung des Betreibers der Seite wieder.
Vielen Dank und viel Spaß!
Euer Facebook-Team.
(Facebook 2020).◄

5.9.2 Mit Kritik umgehen

Der PCI ist jederzeit offener Kritik ausgesetzt. Sie kennen das vom Telefon: Ein verärgerter Kunde ruft an und lässt seinen Frust zum Produkt und über Ihr Unternehmen ab. Genau das Gleiche findet im Social Web statt. Zufriedene oder verärgerte Kunden und Geschäftspartner posten in Ihre Social-Media-Kanäle – ob man es will oder nicht. Früher hatten die Menschen wenige Zuhörer im persönlichen Umfeld. Heute verbreiten sich ihre Äußerungen innerhalb weniger Minuten an hunderte und tausende Menschen.

Im Fall von Kritik greifen dieselben Methoden wie am Telefon: Beschwerdemanagement. Die Grundregeln von Beschwerdemanagement sind:

1. Zuhören, Kritik aufnehmen
2. Verständnis zeigen, Kritik wiederholen
3. Lösung vorschlagen, sachlich und konstruktiv argumentieren

Kritik ist erst einmal unangenehm, egal ob am Telefon, im persönlichen Gespräch oder im Social Web. Viele Menschen versuchen, Konflikte und Streit zu vermeiden und ziehen sich zurück. Besonders gefährlich ist es, im Kritikgespräch dem Gegenüber das Gefühl von Unverständnis und Ignoranz zu geben. Am schlimmsten ist es, wenn man den anderen nicht ausreden lässt, ihn unterbricht oder laut wird. Dann entwickelt sich ein Kritikgespräch schnell zum verbitterten Streit. Wutentbrannt verlässt man die Diskussion ohne Lösung.

Stellen Sie sich offen der Kritik im Social Web und gehen Sie transparent mit Fehlern um. Dann nutzen Sie nämlich auch eine Chance, die in solchen Dialogen steckt: Sie kehren die negative Meinung in eine positive um.

▶   **Tipp:** Gehen Sie offen mit Kritik um, gestehen Sie bei berechtigter Kritik Fehler ein. Eine Löschmentalität ist nicht die Lösung und kommt als Bumerang zurück.

Meistens ist es schwierig, auf komplexe Sachverhalte detailliert einzugehen, da die Textfelder begrenzt sind. Versuchen Sie daher, mit dem Kritiker persönlich Kontakt am Telefon oder per Direktnachricht aufzunehmen.

In vielen Fällen melden sich jedoch auch Ihre Fürsprecher zu Wort und argumentieren im Sinne Ihrer Marke. Dann gilt es, bedacht abzuwarten und die Dialoge zu beobachten. Im Idealfall wurde alles im Sinne Ihrer Marke gesagt, und Sie beziehen am Ende der Diskussion Stellung und ziehen ein Fazit.

Eine Häufung berechtigter kritischer Äußerungen zeigt eventuelle Schwächen Ihrer Marke auf. Nutzen Sie die Kritik für Verbesserungen. Kritische Posts im Social Web sind der Nährboden eines negativen Meinungsbildes Ihrer Marke, das im Internet in Stein gemeißelt ist und sich auf Ihren Geschäftserfolg nachteilig auswirken kann. Genießt Ihre Marke eine hohe Bekanntheit in der Öffentlichkeit, wird auch die Presse über diese Kritik berichten und den negativen Effekt verstärken.

Der Shitstorm

Die massenhafte Ansammlung von Kritik und Entrüstung im Social Web nennt man „Shitstorm". Diese kann auch auf einem Ihrer Kanäle stattfinden. Es ist ein Orkan an negativen Kommentaren, meist in beleidigender Form und vom PCI kaum mehr beherrschbar. Auslöser kann ein kritischer Post sein, der von Ihnen nicht zufriedenstellend beantwortet wird oder eine Berichterstattung in den Medien. Eins ist Ihnen sicher: Aufmerksamkeit auf breiter Front. Sie werden unabhängig von aller positiven und negativen Wirkung eine extreme Reichweite generieren.

Regelmäßig hört man in der Presse von Shitstorms. Hier finden Sie drei Beispiele aus der Vergangenheit:

Beispiele

ING-DiBa Die Bank veröffentlichte im Januar 2012 einen TV-Werbespot, in dem Basketball-Star Dirk Nowitzki in eine Metzgerei geht und eine Scheibe Wurst isst. Das hat einige Veganer veranlasst, auf der Facebook-Seite der ING-DiBa ihren Unmut zum ausgestrahlten Werbespot auszudrücken. Daraufhin entstand ein Shitstorm auf der Facebook-Seite der Bank. Man diskutierte nicht mehr über produktrelevante Themen, sondern über Veganismus.

Die Bank verhielt sich sehr klug. Man griff nicht ein, kommentierte niemals inhaltlich und bot durch die Facebook-Seite des Unternehmens die Plattform für diese Diskussion. Erst nach einigen Monaten distanzierte man sich von der Diskussion und erklärte, dass man wieder zurück zum eigentlichen Business gehe und in Zukunft keine solcher Diskussionen mehr zulasse. Die Bank generierte durch den Shitstorm über 5.000 Facebook-Fans zusätzlich und erlangte während dieser Zeit hohe Aufmerksamkeit in der Presse.

Greenpeace und Nestle Anfang 2010 berichtet die Umweltorganisation Greenpeace, dass im Nestlé-Produkt „KitKat" Palmöl verwendet wird, das die Lebensräume von Orang-Utans zerstört. Greenpeace produzierte ein schockierendes Video mit hohem Viralfaktor. Nestlé reagierte falsch: Nestlé verbot das Video und schaltete Facebook-Seiten ab. Dann entstand ein Streisand-Effekt und ein Shitstorm beschädigte das Image der Marke. Als Streisand-Effekt wird das soziologische Phänomen bezeichnet, wenn ein ungeschickt angesetzter Versuch, eine unliebsame Information zu unterdrücken, das Gegenteil erreicht, indem das Vorgehen eine öffentliche Aufmerksamkeit erzeugt, die das Interesse an der betreffenden Information und deren Verbreitung deutlich steigert.

(Wikipedia 2020) Erst später wurde von offizieller Seite Nestlés auf die The-
matik eingegangen, wurden Zugeständnisse gemacht und so der Schaden etwas
relativiert.

Vodafone Ende Juli 2012 beschwerte sich ein Kunde auf der Facebook-Seite
des Telekommunikationsunternehmens Vodafone über eine angeblich zu hohe
Rechnung. Durch einen Fehler in der Übermittlung sei Angaben des Konzerns
zufolge die Antwort auf das Posting untergegangen. Was folgte, war ein Shitstorm. Der Kundenbeitrag erhielt über 15.000 Kommentare und über 150.000
Gefällt-mir-Angaben.

Pril Anfang 2011 richtete die Firma Henkel einen Crowdsourcing-Wettbewerb
im Social Web aus. Nutzer hatten die Möglichkeit, ihr eigenes Design für eine
neue Spülmittel-Flasche hochladen. Die Nutzer konnten mittels einer Abstimmung ihren Favoriten wählen. Es folgten einige absurde Vorschläge, sodass
sich Henkel dazu entschloss, eingereichte Vorschläge zu entfernen. Die Zensur betraf jedoch auch versehentlich einige bereits gewählte Designs. Das löste
einen Shitstorm aus und beschädigte die Marke in der breiten Öffentlichkeit.◄

Man sieht: Die Nutzer bestrafen Zensur und „Schweigen" zu Kritik auf sehr
schädigende Weise. Der tatsächliche Schaden im Falle von Ignoranz oder der
rechtlichen Keule (Verbote, Abmahnungen usw.) ist meist größer als der Versuch
der Schadensabwehr. Gehen Sie offen auf Kritik ein, gestehen Sie Fehler ein und
sorgen Sie für eine diplomatische Lösung im Sinne aller Parteien. Crowdsourcing
sollte auch als solches verstanden werden. Lassen Sie den Nutzern freien Lauf,
löschen Sie nur, wenn gegen die Spielregeln verstoßen wird, und kommunizieren Sie Löschungen offen. Manipulieren Sie keine Ergebnisse. Auch ein skurriles
Ergebnis wird im Social Web weiterverbreitet und ermöglicht der Marke hohe
organische Reichweiten.

5.10   Schutz der Privatsphäre

Der PCI steht in der Öffentlichkeit. Ab einer Community-Größe von 500.000 Fol-
lower kann diese Sichtbarkeit auch Auswirkungen auf sein Privatleben haben. Mit
Sicherheit kommen Fragen zum Privatleben des PCI. Eine offene und transparente
Kommunikation macht es erforderlich, im Einzelfall auch dazu zu berichten. Hier
schaffen wir jedoch einen Schutzraum, um die Privatsphäre des PCI in einigen
Bereichen seines Lebens zu wahren.

Maßnahmen zum Schutz der Privatsphäre des PCI

- Es können nur Personen und Dinge der Privatsphäre des PCI geschützt werden, wenn er diese noch niemals veröffentlicht hat. Ich empfehle Ihnen, einen Fachanwalt für Persönlichkeitsrecht zu konsultieren, der Sie hier juristisch berät.
- Möchte der PCI seine Kinder, Lebenspartner oder Ehepartner aus der Öffentlichkeit fernhalten, so ist dies grundsätzlich möglich, wenn der PCI diese Personen noch nie zuvor öffentlich dargestellt hat.
- Dieses Schutzrecht kann auch für journalistische Veröffentlichungen geltend gemacht werden. Berichtet ein Medium über den PCI, ist das Medium im Vorfeld dazu verpflichtet, über die geplante Berichterstattung zu informieren und eine Stellungnahme einzuholen. Zu diesem Zeitpunkt können die Schutzrechte geltend gemacht werden.
- Wenn sich der PCI an Orten markiert, besteht die Gefahr, dass er mit Besuch von Follower oder Journalisten und Paparazzi rechnen muss. Wenn das so gewünscht ist, ist alles gut. Wenn nicht, dann veröffentlichen Sie die Beiträge mit Ortsangabe-Tag zeitverzögert oder verzichten auf eine exakte Vertaggung.

Literatur

Wikipedia (2020) Streisand Effekt. https://de.wikipedia.org/wiki/Streisand-Effekt. Zugegriffen: 13. Nov. 2020

Vermarktung und Wachstum 6

Zusammenfassung

In diesem Kapitel stärken wir das Wachstum unserer Kanäle und die Entwicklung des PCI. Wir betrachten die relevanten Media-Optionen der sozialen Netzwerke und sehen, wie unsere PCI-Strategie konstant optimiert wird. ◄

6.1 Formate und Netzwerke

Zu Beginn des Einsatzes unseres PCI ist eine bezahlte Verlängerung der PCI Contents mittels Social Media Advertising (SMA) sinnvoll. Wir erhöhen durch Investition in Anzeigen die Reichweite und verstärken das Wachstum unserer Kanäle. Bei neu errichteten Social-Media-Kanälen empfehle ich eine mediale Verlängerung zumindest in der Anfangszeit. Berücksichtigen Sie die mediale Reichweite bei der Zielvereinbarung des PCI.

Inzwischen bietet jedes soziale Netzwerk die bezahlte Vermarktung von Inhalten an, das sogenannte Social Media Advertising (SMA). Die Parameter der einzelnen Vermarktungsmechaniken sind komplex und erfordern teils erhebliche personelle Ressourcen.

6.1.1   Wie funktioniert SMA?

Auch die Netzwerkbetreiber wissen, dass werbliche Inhalte von ihren Nutzern abgelehnt werden. Das Kapital der sozialen Netzwerke sind ihre Nutzer. Eine hohe Nutzerzufriedenheit und positive Nutzerfahrungen tragen zu einer aktiven Nutzung des Netzwerkes bei. Um eine optimale Nutzererfahrung zu gewährleisten, will das soziale Netzwerk so wenig werblich wirkende Anzeigen wie nur möglich ausspielen.

Die Netzwerke belohnen daher Werbetreibende, deren Anzeigen bei der Zielgruppe positiv angenommen werden. Diese Akzeptanz bemisst das Netzwerk überwiegend anhand der Interaktionen. Ist die Relevanz einer Anzeige hoch, muss der Werbetreibende weniger Geld dafür bezahlen. Somit haben Werbetreibende ein hohes Interesse, für die Zielgruppe relevante Anzeigen zu erstellen. Eine hohe Relevanz erreichen Sie durch:

* perfekte Definition der Zielgruppe (Targeting)
* relevanten Content für die gewählte Zielgruppe
* keine werbliche Anmutung (visuell und inhaltlich)

Das Targeting
Soziale Netzwerke kennen ihre Nutzer sehr gut, denn sie haben jegliche Interessen anhand der Nutzungsdaten. Diese Interessen werden Werbetreibenden in anonymisierter Form für das Targeting zur Verfügung gestellt. Der Werbetreibende hat die Möglichkeit, Interessengruppen zu bilden. Ihm werden dann die Größe der Zielgruppe (Potenzial), demografische Informationen und weitere ähnliche Interessenfelder der Nutzer dargestellt.

Es ist auch möglich, Custom Audiences und Lookalike Audiences zu erstellen. Custom Audiences sind Nutzergruppen, die bereits mit Ihren Contents interagiert oder auf eine bereits ausgespielte Anzeige reagiert haben. Lookalike Audiences sind Nutzergruppen, deren Interessen einer Custom Audience ähneln und die somit relevant für eine Ausspielung Ihrer Ads sind. Die Ausspielung von Anzeigen an diese Audiences performen in der Regel immer besser als individuell definierte Interessen-Zielgruppen.

Die Zielstellung ist entscheidend
Für jede Anzeigenkampagne ist die Zielstellung des Werbetreibenden von großer Bedeutung, und die sozialen Netzwerke haben ein hohes Interesse, dass die Werbetreibenden eine erfolgreiche Anzeigenkampagne umsetzen können. Das ist ihr

Geschäftsmodell. Nur so werden Werbetreibende auch weiterhin in Anzeigen des Netzwerks investieren.

Die sozialen Netzwerke kennen die Verhaltensweisen ihrer Nutzer. Sie wissen genau, welche Nutzer eher auf einen externen Link klicken oder eher mit einem Kommentar interagieren. In dem Sie als Werbetreibende das Ziel Ihrer Kampagne definieren, kann das Netzwerk Ihre Anzeigen an relevante Nutzer ausspielen.

Unser Ziel	Kampagnenziel	Targeting
Awareness	Reichweite, Video View	Breite Zielgruppen
Consideration	Interaktion, Klick Out	Custom Audiences, Lookalike Audiences
Sale	Klick Out	Custom Audiences, Lookalike Audiences
Care	Interaktion	Follower

6.1.2 Übersicht der Ad-Formate

In der nachfolgenden Übersicht sehen Sie die möglichen Mediaformate der relevanten sozialen Netzwerke. Die Vermarktung innerhalb des Netzwerkes Instagram erfolgt zentral über Facebook.

Netzwerk	Formate	Platzierung
Facebook	Feed-Post, Story, Event, Leads, Gruppen, Events	Feed, Audience Netzwerk, Messenger
Instagram	Feed-Post, Story	Feed
TikTok	Post	Feed
Twitter	Tweet	Feed
Pinterest	Pin	Feed
Xing	Post, Job, Event	Feed
LinkedIn	Post, Job, Event	Feed
YouTube	Video	InStream

Google Ads
Die größte Suchmaschine der Welt bietet Werbetreibenden die Möglichkeit, verschiedene Anzeigenformate zu schalten. So haben Sie zum Beispiel die Möglichkeit,

für Ihre relevanten Keywords in Google Ihre Textanzeige an erster Stelle des Suchergebnisses zu platzieren. Die Suchergebnisse an den oberen Stellen im Suchergebnis
werden am häufigsten angeklickt.

Diese Vermarktungsform nennt sich auch Search Engine Advertising (SEA). Gerade
wenn ein Nutzer nach einem Keyword sucht, können Sie ihn in seinem Bedarfs-
fall mit einer Textanzeige erreichen. Des Weiteren bietet Google innerhalb seines
Suchnetzwerks aufseiten Dritter die Einblendung von Banner-Anzeigen sowie viele
weiterer Anzeigenformate.

Google Textanzeigen sind ein relevanter Traffic-Lieferant für ihre eigenen Kanäle,
wie zum Beispiel ihrer Homepage oder ihren Blog.

6.2   Vor der Kamera beeindrucken

Eine optimale Wirkung des PCI vor der Kamera ist Voraussetzung für den Erfolg
der zu produzierenden Contents. Der PCI soll als authentisch, positiv, entspannt
und natürlich von den Zuschauern wahrgenommen werden. Hier nun einige Tipps,
wie Sie für eine positive Wirkung vor der Kamera sorgen können.

Tipps für eine positive Wirkung vor der Kamera
- **Umgebung:** Um ein möglichst realistisches Storytelling zu erreichen
  und den Charakter einer aktuellen Berichterstattung in den Social Media
  zu vermitteln, nutzt der PCI seine gewöhnliche Arbeitsumgebung für
  Video-Contents. Er produziert seine Videos größtenteils im Look & Feel
  einer Handy-Aufnahme. Dies kann beim Laufen sein, am Schreibtisch
  sitzend oder auf dem Weg durch verschiedene Bereiche des Unterneh-
  mens. Dadurch erhält der Content einen authentischen und dynamischen
  Look und gibt dem Zuschauer das Gefühl, Teil des Geschehens zu
  sein. Professionell produzierte Hochglanzvideos empfehle ich nur in
  Ausnahmefällen. Diese Ausnahmefälle sind zum Beispiel fachliche
  Interviews, Werbespots als Einblender in einem PCI-Content oder bei
  Live-Terminen, die man in einem Studio produziert. Die überwiegende
  Kommunikation sollte meiner Meinung nach jedoch aus einer aktuellen

Situation heraus in der jeweiligen Umgebung produziert werden. Das erhöht die Authentizität des PCI.

- **Look & Feel:** Die PCI-Videos dürfen unprofessionell wirken und verwackelt sein. Das wirkt echt und sieht nicht nach einer Werbebotschaft aus. Der PCI achtet jedoch immer auf eine optimale Beleuchtung und einen perfekten Ton. Er nutzt externe Lichtquellen und externe Mikrofone (Richtmikrofon bei Interviewpartnern oder Ansteckmikrofon mit Funkstrecke). Die Postproduktion optimiert Farb- und Tonwerte, sie schneidet die Länge des Videos und rendert den Content im passenden Format. Ich empfehle, auf Übergangseffekte bei den Schnitten innerhalb des Videos zu verzichten. Eine One-Shot-Aufnahme ist optimal, aber nicht immer realisierbar.
- **Vorbereitung:** Der PCI bereitet sich umfassend und optimal auf die Videoproduktion vor. Das gibt Sicherheit, Selbstbewusstsein, verringert die Fehlerquote und die Produktionszeit. Er notiert stichwortartig, was er im Video sagen möchte. Bitte lesen Sie nicht einen vorgefertigten Text ab. Das machen nur langweilige Nachrichtensprecher.
- **Kleidung:** Der PCI kleidet sich professionell im Einklang mit der Kommunikationsstrategie. Idealerweise bietet er einen farblichen Kontrast zum Hintergrund. Dabei vermeidet der PCI Streifen oder kleinteilige Karomuster in der Kleidung sowie grüne Kleidung. Diese sind in der Postproduktion hinderlich.
- **Begrüßung:** Zu Beginn eines Video-Contents ist immer der PCI zu sehen. Er begrüßt den Zuschauer freundlich und lächelnd. Der PCI nutzt immer die gleiche Begrüßung. Ich empfehle, eine besondere und einmalige Begrüßung zu entwickeln. Das erhöht den Wiedererkennungswert und schafft Vertrauen. Es ist immer persönlicher, die Ansprache in der „Du"-Form und nicht in der „Euch"- beziehungsweise „Ihr"-Form zu halten. Der PCI wählt diese Sprache konsistent in alle Contents und Formaten.
- **Versprecher:** Brechen Sie Aufnahmen nicht bei jedem Versprecher ab. Versprecher wirken menschlich und dadurch authentisch. Oft entsteht bei Versprechern eine Blockade. Dann hilft es, die Produktion für eine kurze Zeit zu unterbrechen und danach neu zu produzieren. Eine One-Shot-Aufnahme mit Versprechern verringert den Aufwand für die Postproduktion und wirkt beim Zuschauer authentisch.

- **Blockaden:** Wie bei jedem anderen künstlerischen Beruf auch, kann es vereinzelt vorkommen, dass der PCI einen weniger kreativen Tag erwischt. Die Produktion klappt nicht, er verspricht sich sehr häufig, er ist schlecht drauf. Das ist legitim, denn auch der PCI ist nur ein Mensch. In diesem Fall unterbricht der PCI die Videoproduktion für die Zeit, die er benötigt. Allerspätestens am nächsten Tag wird er wieder Kreativität und Ausstrahlung versprühen. Dauern die Blockaden jedoch über mehrere Tage an, sollte man den Ursachen nachgehen.
- **Spontanität:** Der PCI kann in jeder Situation spontan perfekt kommunizieren. Spontane Ereignisse während der Videoproduktion eignen sich ideal, um eine hohe Viralität des Contents zu erreichen. Unvorhergesehene Ereignisse sind für den Zuschauer überraschend und außergewöhnlich (Viralfaktoren). Der PCI sucht teilweise nach solchen Chancen während seiner Video-Produktionen. Er überrascht ahnungslose Passanten (Achtung: Recht am eigenen Bild beachten!), Mitarbeiter oder Protagonisten. Diese reagieren authentisch und reichern somit die Authentizität des PCI-Contents an.
- **Charisma:** Der PCI spielt sein Charisma und seine Ausstrahlung vor der Kamera aus. Sein Lächeln fängt die Zuschauer ein, seine Wirkung ist vertrauensvoll und seine Kommunikationsform passt sich ideal der definierten Kommunikationsstrategie und Positionierung an. Zu Beginn der Tätigkeit des PCI sind diese Merkmale möglicherweise noch nicht voll ausgeprägt. Der PCI wächst jedoch an der täglichen Praxisarbeit und erreicht dadurch eine konstante Verbesserung seiner Wirkung und seiner Professionalität.

6.3   Wachstum stärken durch Kooperationen

Der PCI muss konstant in hoher Frequenz kommunizieren. Das entwickelt und stärkt das Vertrauen der Follower zum PCI und trägt zum Wachstum Ihrer Community bei. Bricht die Kommunikation ab, entfolgen Menschen Ihren Kanälen. Selbstverständlich sind Unterbrechungen zum Beispiel wegen Urlaub oder Krankheit vertretbar. Dann kommuniziert der PCI diese Unterbrechungen offen und transparent.

In den folgenden Abschnitten erhalten Sie einige konkrete Tipps, die Ihnen helfen werden, Ihre Community mithilfe von Kooperationen zu vergrößern. Wenn Sie diese Empfehlungen konsequent umsetzen, werden Sie Ihre Ziele erreichen.

6.3.1 Outbound-Kooperationen

Wenn Ihre PCI-Kanäle noch nicht sehr groß sind, empfehle ich Kooperationen mit anderen großen Marken oder Content Creators. In diesem Fall gehen Sie auf andere Marken oder Creators zu, planen eine gemeinsame Content-Produktion und bezahlen für die Veröffentlichung dieser Contents in den Kanälen anderer Marken oder Creators.

Der PCI überlegt sich im Vorfeld der Ansprache eine Story beziehungsweise eine Content-Strategie mit dem Kooperationspartner. Er analysiert die Kanäle und den Content des potenziellen Partners im Vorfeld. So kann er bei der Ansprache des potenziellen Kooperationspartners bereits eine Content-Idee präsentieren, die sich in die Content-Strategie des Kooperationspartners eingliedert. Dadurch sieht Ihr Kooperationspartner von Beginn an einen Mehrwert in der Partnerschaft.

Eine Outbound-Kooperation erhöht die Reichweite Ihres Kanals und generiert zusätzliche neue relevante Follower. Sie erhöht die Wahrnehmung Ihres PCI und Ihrer Marke. Es ist üblich, dass Sie für solche Kooperationen Geld investieren müssen.

6.3.2 Inbound-Kooperationen

Sobald Ihr Kanal 15.000 Follower oder mehr erreicht hat, besteht die Möglichkeit, mit anderen Marken oder Content Creators Kooperationen durchzuführen. Andere Marken kommen dann auf Sie zu und bieten Kooperationen an. Hierbei werden Sie und Ihr PCI für die Veröffentlichung von Contents anderer Marken vergütet.

Inbound-Kooperationen sind ein attraktives Geschäftsmodell für Ihre Marke. Sind Ihre Kanäle und Reichweiten hoch, so können Sie auch proaktiv Kooperationen akquirieren. Bieten Sie dann anderen Marken die strategische Planung von Content-Kooperationen gegen Vergütung an.

Beispiel

Die Lebensmittelkette real,- betrieb mehrere Social-Media-Kanäle sowie eine Website mit integriertem Blog. Im Blog und den Social-Media-Kanälen wurden regelmäßig Rezepte veröffentlicht. Real,- bot beispielsweise Herstellern in der Lebensmittelindustrie an, gemeinsam mit Content Creators individuelle Rezepte zu entwickeln. Die Veröffentlichung der Rezepte fand dann als Posting in den Social-Media-Kanälen von real,- statt, sowie als Blog Beitrag auf der real,- Website.◄

6.3.3　Preisgestaltung bei Kooperationen

Es gibt gängige Richtgrößen bei der Ausgestaltung Ihrer Preise. Jedoch – wie in allen anderen künstlerischen Berufen – sind Sie in der Höhe Ihrer Preisgestaltung völlig frei. Es gibt keine gesetzlichen Vorschriften oder Branchenverträge, die Sie hierbei einschränken. Nachfolgend finden Sie einen gängigen Berechnungsweg mit üblichen Preisen, der als Orientierungshilfe dienen soll.

Im folgenden Berechnungsbeispiel sind keine Produktionskosten enthalten. Sie haben Ihre Community durch viele Jahre aufwendige Arbeit aufgebaut, was mit der Schaltung von Ads vergleichbar ist, mit denen für eine Marke oder ein Produkt Reichweite generiert werden soll. Der Unterschied: Sie stehen mit Ihrer Marke und dem Gesicht des PCI hinter der „Werbung". Das wiederum erhöht den Preis im Vergleich zu einer klassischen Ad-Schaltung. Meine Empfehlungen basieren auf einer Community-Größe von mindestens 50.000 Followern.

Wenn vertraglich Content-Produktionen zu Ihren Lasten vereinbart werden, so stellen Sie diese anhand Ihres tatsächlichen Aufwands zusätzlich in Rechnung.

- Feed-Post Image, Video oder TikTok, Story: 75–100 € TKP auf organische Reichweite
- YouTube Video (bis 3 min): 75–100 € TKP auf ViewThrough
- Beim Preis einer Instagram-Story geht man von bis zu vier Sequenzen à 15 s aus.

Rabatte

Ihr Ziel ist es, langfristige Kooperationen mit einer konsistenten Story und vielen Content-Veröffentlichungen zu erzielen. Es ist üblich, dass Sie bei mehr als drei Veröffentlichungen Rabatte zwischen 5 und 20 % einräumen. Zur Veranschaulichung eine Beispiel-Rechnung:

Beispiel

Ihre Community hat 50.000 Follower. Sie erreichen damit eine durchschnittliche organische Reichweite bei Feed-Posts von 20.000 Konten. Bei Stories haben Sie eine durchschnittliche organische Reichweite von 15.000 Konten. Sie berechnen 100 € TKP.

- Preis für einen Feed-Post: 2500 € (25.000/1000 * 100 €)
- Preis für eine Story/TikTok: 1500 € (15.000/1000 * 100 €)

Rabattstaffel:

* Rabatt ab dem 4. Feed-Post/Story: 5 % auf die neuen Contents
* Rabatt ab dem 6. Feed-Post/Story: 10 % auf die neuen Contents
* Rabatt ab dem 10. Feed-Post/Story: 15 % auf die neuen Contents◄

Ich empfehle Ihnen, Ihre Preise immer an die tatsächlichen Reichweiten zu koppeln, die der Beitrag geniert, und keine Pauschalpreise zu berechnen. Das ist für Ihren Kooperationspartner die fairste Lösung und erspart Ihnen Ärger mit Ihren Partnern.

Beachten Sie dabei die Berechnungsgrundlage: Ein Feed-Post erreicht auch Wochen und Monate nach Veröffentlichungstag teilweise enorme Reichweiten. Legen Sie daher einen Bemessungs-/Abrechnungszeitraum von mindestens drei bis sechs Monaten zugrunde. Halten Sie sich die Option frei, die Contents medial (bezahlt) verlängern zu dürfen, um die vereinbarten Reichweiten zu erreichen.

6.3.4 Gestaltung und Inhalte eines Kooperationsvertrags

Basis einer jeden Kooperation ist ein mehrseitiges Vertragswerk. Grundsätzlich vereinbaren Sie in diesem Vertrag die Veröffentlichung einzelner oder mehrerer Contents. Doch dabei gibt es viele individuelle Parameter zu beachten und damit ist jeder Vertrag individuell und wird einzeln gestaltet. Da es kein gesetzliches Muster gibt, habe ich die im Markt gängigen Vertragsregelungen zusammengestellt.

Bitte lesen Sie im Falle einer Kooperation Ihr Vertragswerk genau durch und beschäftigen sich im Detail mit allen Punkten der Vereinbarung. Es bringt Ihnen im Nachgang Minuspunkte, wenn der PCI aus Unwissenheit vertraglich vereinbarte Leistungen nicht erbringt oder infrage stellt. Nehmen Sie sich für die ersten Verträge einen Fachanwalt für Künstler- und/oder Medienrecht zur Seite, der Sie juristisch unterstützt. Alternativ können Sie auch einen externen Dienstleister beauftragen, der Sie in sämtlichen organisatorischen und rechtlichen Angelegenheiten unterstützt. Unter www.permantent-corporate-influencer.de finden Sie eine entsprechende Liste mit Anbietern.

Folgende Komponenten sind in aller Regel Teil eines regulären Kooperationsvertrags zur Content-Veröffentlichung mit einem Endkunden (Marke) oder einer Agentur. Bitte beachten Sie: Bei anderen Formen einer Kooperation wie z. B. Co-Creation, treffen die nachfolgenden Bedingungen nicht zu.

Vertragsgegenstand

Hier wird vereinbart, dass Sie Content für den Auftraggeber veröffentlichen. Es ist vereinbart, wer von den Vertragsparteien den Content produziert. Des Weiteren sind die Formate, die Anzahl der Content Pieces und eine Referenz zum Agentur- oder Kunden-Briefing-Dokument enthalten. Im Briefing-Dokument stehen die inhaltlichen Details. Lesen Sie das Kundenbriefing genau durch. Es ist Ihre Entscheidungsbasis, insbesondere zur Beurteilung, ob die Kooperation für Sie passt und die Authentizität des PCI nicht gefährdet wird. Achten Sie auf den Zeitpunkt der Veröffentlichungen und die wettbewerblichen Bedingungen Ihres Kunden. Stimmen Sie den Plan mit Ihrer Content-Planung ab.

Pflichten

Hier ist definiert, welche Verpflichtungen aus diesem Vertrag für beide Parteien hervorgehen. Was genau müssen Sie leisten? Was leistet Ihr Auftraggeber? Achten Sie hier auf alle Details. Vergleichen Sie in diesem Abschnitt sehr genau, ob die von Ihnen angebotenen Leistungen (in Ihrem Kostenvoranschlag) und dem referenzierten Posting-Plan mit den hier definierten Pflichten exakt übereinstimmen. In diesem Paragraphen sind Leistungspflichten wie Veröffentlichungszeitpunkt, Dokumentation, Produktionskosten, Exklusivität, Verwertungsrechte, Urheberrechte und Werbekennzeichnung enthalten. Achten Sie darauf, dass genau ersichtlich ist, wer für welche Punkte verantwortlich ist. Gerade bei externen Content-Produktion z. B. durch Agenturen können hohe Kosten entstehen, die in aller Regel bei Ihrem Auftraggeber verortet sein müssen.

Behandlung von Rechten

Hier wird definiert, wer welche Rechte an Ihren Contents besitzt. In der Regel räumen Sie Ihrem Auftraggeber das Recht ein, dass er Ihren Namen und die Contents weiterverwenden und vermarkten darf. Ist Ihr Auftraggeber eine Agentur, wird die Weitergabe und Verwendung durch die Marke vereinbart. Beachten Sie, dass dieses Recht von Ihnen zeitlich begrenzt ist und Sie sich ein Widerrufsrecht einräumen.

Nichterfüllung

Hier wird geregelt, was im Falle einer Nichterfüllung Ihrer Pflichten passiert. Das kann zum Beispiel der Fall sein, wenn Sie nicht oder nicht pünktlich die Contents veröffentlichen, Ihr PCI zu vereinbarten Produktionsterminen nicht erscheint oder Sie Contents trotz fehlender Freigabe veröffentlichen. Sie müssen in diesen Fällen mit einer Kürzung des vereinbarten Honorars von 15 bis 25 % je Content Piece rechnen.

Ihr Auftraggeber vereinbart hier ebenfalls Vertragsstrafen in Höhe von 20.000 € bis 100.000 €. Erscheint Ihr PCI zum Beispiel nicht zu einem vereinbarten Produktionstermin, entstehen Ihrem Auftraggeber hohe Schäden (z. B. Kosten für Location, Protagonisten/Models, Reisekosten, Personalkosten Team). Bei Kampagnen werden Abschläge vereinbart, wenn Sie falsche Kampagnen-Links veröffentlichen.

Achten Sie in diesem Bereich darauf, dass Sie bei nicht pünktlicher Veröffentlichung, die von Ihnen verschuldet wurde, ein Recht auf Nachbesserung haben (z. B. zeitnahes neues Veröffentlichungsdatum) und dass Sie im Falle von höherer Gewalt (z. B. Streik, Erkrankung, Unwetter) keinen Schadenersatz leisten müssen.

Integrieren Sie auch den Fall, wenn Ihr Auftraggeber die erforderlichen Materialien nicht liefert oder sich Content-Produktionen verschieben. In Fällen von nicht von Ihnen verschuldeten Verzögerungen oder Ausfällen muss Ihr Auftraggeber entsprechend Schadenersatz leisten.

Geheimhaltung

Hier verpflichten Sie sich, dass Sie über sämtliches Wissen zur geplanten Kooperation absolutes Stillschweigen bewahren. Das gilt insbesondere bereits vor Beginn der Kooperation. Sie und Ihre Mitarbeiter bzw. Ihr Management verpflichten sich hier zur absoluten Geheimhaltung. Es werden Vertragsstrafen bei Verletzung der Geheimhaltungspflicht vereinbart.

Missbrauch

In diesem Abschnitt sichern Sie zu, dass Ihre Community und Interaktionen in Ihren Kanälen echt sind und nicht aus Fake-Followern besteht. Es ist geregelt, welche Strafen im Falle eines Fake-Accounts von Ihnen zu leisten sind. Lassen Sie Ihren Account von externen Dienstleistern prüfen, ob er von Fake-Followern oder Fake-Likes betroffen ist. Weitere Informationen dazu finden Sie auf www.permanent-corporate-influencer.de.

Wettbewerbsverbot

In diesem Abschnitt wird vereinbart, ob und in welchem Umfang Sie für Wettbewerber Ihres Kunden Kooperationen durchführen dürfen. Hier wird vor allem der Zeitraum eines Wettbewerbsverbots definiert. Verknüpfen Sie diese für Sie große Einschränkung immer mit Ihrer Preisgestaltung. Je mehr Exklusivität sich Ihr Kunde wünscht, desto weniger Kooperationen können Sie eingehen. Das macht sich in Ihrem veranschlagten Preis bemerkbar.

Dauer
Hier werden die Laufzeit der Kooperation und die Kündigungsfrist festgelegt.

6.4   Kontinuierliches Verbessern

In der japanischen Sprache ist es als Lebensphilosophie fest verankert: „Kai-
zen". Es bezeichnet das kontinuierliche Streben nach Verbesserung. Dasselbe
empfehle ich Ihnen für Umsetzung der PCI-Strategie. Analysieren Sie regelmäßig die Arbeitsergebnisse des PCI. Erstellen Sie Reporting-Routinen. Bewerten
Sie regelmäßig und konstant den Zielerreichungsgrad und greifen Sie bei Bedarf
optimierend ein. Ändern Sie die Strategie. Planen Sie neue Themen und Beiträge.
Probieren Sie neue Wege aus und stellen Sie die Weichen neu.

Nutzen Sie professionelle Coaches, um vorhandene Schwachpunkte zu erken-
nen und zu verbessern. Setzen Sie diese für die Entwicklung und Optimierung
ihrer Social-Media-Strategie ein. Unterstützen Sie den PCI mit Weiterbildungen,
Coachings und Fortbildungen. Hier gibt es einige Angebote im Bereich Kamera
Wirkung und Rhetorik. Unter www.permanent-corporate-influencer.de finden Sie
Bildungsangebote und weitere Informationen zu diesem Thema.

Monitoring und Reporting

7

Zusammenfassung

In diesem Kapitel erfahren Sie alle relevanten KPIs rund um die Arbeit Ihres PCI. Wir betrachten uns die Umsetzung einer konstanten Überwachung der Dialoge in den Social Media und bauen ein Reporting der Ergebnisse auf.◄

7.1 Erfolgsmessung mit KPIs

Im ersten Schritt definieren wir, welche einzelnen Parameter für Bewertung der Ergebnisse relevant sind. Die sozialen Netzwerke bieten eigene Analyse-Tools (Insights) an. Es gibt jedoch auch die Möglichkeit, über externe Tools und Schnittstellen (APIs) die erforderlichen KPIs auszulesen. Ich empfehle, die KPIs aus den sozialen Netzwerken zu exportieren und eigene Reports in Tools oder Excel/Powerpoint zu erstellen.

Für die Netzwerke Facebook und Instagram ist es erforderlich, dass Sie ein Facebook-Businesskonto verwenden. Ihr Instagram-Kanal muss als Businesskonto definiert sein. In Facebook müssen Sie eine Facebook-Seite betreiben. Dann können die Schnittstellen (APIs) von Facebook genutzt werden und für externe Tools automatisiert zur Verfügung gestellt werden. Innerhalb der Plattformen muss für externe Tools eine zusätzliche Berechtigung erteilt werden (App-Autorisierung).

Für YouTube-Kanäle können Sie externen Tools entsprechende Berechtigungen über Ihr Google Konto gewähren. Ebenso ist eine Schnittstelle bei anderen sozialen Netzwerken möglich (z. B. TikTok, Snapchat usw.).

© Der/die Autor(en), exklusiv lizenziert durch Springer Fachmedien Wiesbaden GmbH, ein Teil von Springer Nature 2021
T. Klein, *Der neue Corporate Influencer,*
https://doi.org/10.1007/978-3-658-32374-5_7

7.1.1 Allgemeine KPIs

Engagement Rate/Interaktionsrate (% ER oder IR): Die Summe aller Interaktionen geteilt durch die Anzahl der erreichten Personen/Konten. Man kann die IR auch anhand der Impressions rechnen. Ich empfehle jedoch, anhand der Anzahl der erreichten Personen/Konten vorzugehen.

Reichweite (Reach): Anzahl der Personen/Konten, welche den Beitrag gesehen haben. Man kann die Reichweite auch anhand der Impressions rechnen.

Click Through Rate (% CTR): Rate der Klicks auf einen Link in Relation zu den Impressions.

View Through Rate (% VTR): Rate der Klicks innerhalb von 30 Tagen nach Einblendung auf einen Link in Relation zu den Impressions.

View Rate (% VR): Rate der Anzahl an Zuschauern, die ein Video angesehen haben. Die Bemessungsgrundlage für „angeschaut" (also die Dauer, die ein Zuschauer mindestens angeschaut haben muss), gibt es oft unterschiedliche Grundlagen (3sek, 10sek, 25 %, 50 %, 75 %).

Zuschauerbindung/Wiedergabedauer: Wie lange haben die Zuschauer im Durschnitt ein Video angeschaut? Die Angabe wird meistens in Minuten/Sekunden angegeben, kann aber auch prozentual gemessen werden.

Kosten-KPIs in Anzeigenkampagnen:

- CPV: Cost per View
- CPC: Cost per Click
- CPM: Cost per Mill (oder TKP – Tausender Kontaktpreis)

7.1.2 Instagram KPIs

Instagram Stories

Interaktionen: Anzahl der Handlungen, die über die Story vorgenommen wurde.

Profilaufrufe: Anzahl der Profilaufrufe über diese Story.

Erreichte Konten: Anzahl der erreichten Konten.

Impressions Einblendungen: So oft wurde die Story-Personen eingeblendet.

Website-Klicks: Anzahl, wie viele Personen auf Ihren Website-Link oder Swipe-up geklickt haben (diese Funktion steht nur für Anzeigen oder Konten ab 10.000 Abonnenten zur Verfügung).

Abonnements: Anzahl der neuen Abonnements, welche durch die Story generiert wurden.

Menüleiste: Anzahl, wie viele Personen die Story von der Menüleiste aufgerufen haben.

Zurück: So oft wurde getippt, um das vorherige Foto oder Video in Ihrer Story anzusehen.

Weiter: So oft wurde getippt, um das nächste Foto oder Video in Ihrer Story anzusehen.

Nächste Story: So oft wurde auf die Story des nächsten Kontos getippt.

Verlassen: So oft wurde getippt, um deine Story zu verlassen.

Instagram Feed Post/IGTV

Interaktionen: Über diesen Beitrag vorgenommenen Handlungen wie zum Beispiel Profilaufrufe und Website-Klicks.

Profilaufrufe: So oft wurde Ihr Profil aufgerufen.

Erreichte Konten/Reichweite: Anzahl der Konten, die Ihren Beitrag gesehen haben. Darunter die Anzahl (prozentual), welche Ihnen noch nicht folgen.

Impressions: So oft wurde Ihr Beitrag insgesamt eingeblendet. Darunter die Quelle (Startseite, Hashtags, vom Profil oder sonstigen Quellen).

Abonnements: Die Anzahl neuer Konten, die Ihnen folgen.

Website-Klicks: Anzahl, wie viele Personen auf Ihren Website-Link oder Swipe-up geklickt haben (diese Funktion steht nur für Anzeigen oder Konten ab 10.000 Abonnenten zur Verfügung).

Instagram Kanal-KPIs

Übersicht: Hier werden die wichtigsten KPIs der letzten Beiträge (Feed Posts und Stories) angezeigt.

Aktivität: Hier werden die Aktivitäten der letzten sieben Tage wie Reichweite, Impressions, Interaktionen angezeigt. Die Daten werden mit dem vorherigen Zeitraum verglichen und in einem Trend dargestellt.

7.1.3   YouTube KPIs

YouTube Videos

Views: Anzahl der Aufrufe durch Menschen.

Abonnenten: Änderung der Abonnentenzahl insgesamt unter Zuschauern dieses Videos seit dessen Veröffentlichung.

Impressions: Wie oft das Video-Miniaturbild Zuschauern seit der Veröffentlichung des Videos angezeigt wurde.

CTR der Impressions: Aufrufe pro Impression. Dieser Wert gibt an, wie oft Zuschauer sich ein Video angesehen haben.

Einzelne Nutzer: Aufrufe pro angezeigte Impressions. Dieser Wert gibt an, wie oft Zuschauer sich ein Video angesehen haben.

Zugriffsquellen: Die Quelle (Webseite), die Aufrufe des Videos generiert haben.

Wiedergabezeit: Summe der abgespielten Zeit in Minuten und Stunden.

Durchschnittliche Wiedergabezeit: Wie lange Zuschauer dieses Video durch-schnittlich angesehen haben.

View rate: Die Rate der Zuschauer, bemessen an den Impressions.

Zuschauerbindung: Wie sehr Ihr Video die Zuschauer fesselt. Mit den Zuschauerdaten zu jedem Moment Ihres Videos verstehen Sie, wie der PCI das Interesse der Zuschauer aufrecht erhält.

Mag ich: Hier sehen Sie, wie Zuschauern Ihr Video gefällt. Dadurch können Sie Videothemen, Formate und kreative Elemente bestimmen, die Ihren Zuschauern am meisten gefallen.

CTR Abspannelemente: Die Effektivität des Abspanns Ihres Videos. Es gibt an, wie häufig die Zuschauer ein Abspannelement angeklickt haben, nachdem es eingeblendet wurde.

Zielgruppe: Hier finden Sie weitere demografische Details zu den Personen, die Ihr Video angeschaut haben. Hier kann YouTube nur Daten erheben, wenn die Zuschauer in ihrem Google Konto angemeldet waren, als sie das YouTube Video angeschaut haben.

YouTube Kanal KPIs

Übersicht: Aufrufe, Wiedergabezeit, Veränderung der Abonnentenzahl, Echtzeitdaten, die besten Videos, die neuesten Videos. Außerdem sämtliche KPIs wie bei Einzelvideo-Analytics, jedoch kanalbezogene Auswertung.

7.1.4 TikTok KPIs

TikTok Beitrag
Interaktionen: Anzahl Likes, Kommentare, Shares.

Gesamte Spielzeit Gesamtaufrufe, durchschnittliche Wiedergabezeit.

Traffic-Quelle: Für dich, Profil, Folgen, Sound, Suchen, Hashtag.

Erreichtes Publikum: Anzahl der Benutzer, die Ihre Videos angeschaut haben.

Publikumsgebiete: Die Verteilung der Zuschauer nach Gebiet.

TikTok Kanal

Video-Aufrufe:
Anzahl der Aufrufe Ihrer Videos insgesamt.

Neue Follower: Die Anzahl der Benutzer, die damit begonnen haben, Ihnen zu folgen.

Profilaufrufe: Anzahl der Aufrufe Ihres Profils.

Inhalt: Eine Analyse Ihrer Videos der letzten sieben Tage inklusive der angesagten Videos.

Neue Follower: Anzahl, Geschlecht, Top-Gebiete.

Weitere KPIs:

• Tageszeiten und Tage, an denen Ihre Follower bei TikTok am aktivsten sind.
• Videos, die bei Ihren Followern im angegebenen Zeitraum beliebt waren.
• Sounds, die bei Ihren Followern im angegebenen Zeitraum beliebt waren.

Auch Facebook und andere soziale Netzwerke stellen die KPIs in ähnlicher Form wie oben beschrieben dar.

7.1.5 Ergebnisse dokumentieren

Reporting
Nicht nur für Kooperationen, sondern auch zur Messung des Erfolgs Ihrer Kanäle empfehle ich Ihnen, ein regelmäßiges Reporting durchzuführen. Führen Sie Reporting-Routinen zwischen PCI und Führungskraft ein. Halten Sie regelmäßig (wöchentlich, 14-tägig, monatlich) die Ergebnisse der wichtigsten KPIs fest. Nutzen Sie ein Tool, das Ihre Reports automatisiert erstellt. Sie können auch einen externen Dienstleister beauftragen, der Ihre Reports erstellt und analysiert.
Um einen schnellen Überblick über die wichtigsten KPIs zu erlangen, erstellen Sie zunächst einen reduzierten Report, der die wichtigsten KPIs auswertet. Eine Empfehlung finden Sie in Abschn. 7.2.

Monitoring
Beim Monitorring (auch Social Listening genannt) werden die Dialoge eines Kanals überwacht. Für diese Funktion gibt es ebenfalls eigene Tools, die alle Dialoge eines Kanals auslesen, konsolidieren und in einer Oberfläche anzeigen. In aller Regel kann der PCI von einem Monitoring-Tool aus kommentieren oder Nachrichten beantworten. Das erleichtert die Pflege eines Kanals, ermöglicht eine schnelle Reaktionszeit und erspart Arbeitsaufwand. Gleichzeitig geben diese Tools wichtige Informationen zu den Reaktionszeiten (Service Levels). Das Monitoring ist je nach PCI-Kategorie wichtiger Bestandteil für seine Dialogführung und die Entwicklung in Ihrem Markt.

Analyse & Reporting Tools
Hier finden Sie eine Liste mit Tools, die Ihnen umfassende Analysen und Reports zu Ihren Kanälen bieten. Die jeweiligen Tools werden mit Ihren Social-Media-Kanälen verbunden und lesen alle Daten des jeweiligen Kanals aus. Sie können die Reports entweder im Tool selbst einsehen oder in einem gängigen Format exportieren. Neben diesen Tools bieten natürlich die einzelnen sozialen Netzwerke ihre eigenen kostenfreien Analytics und Insights Tools an.

- Facelift: https://www.facelift-bbt.com/de
- Hootsuite: https://hootsuite.com
- Quintly: https://www.quintly.com/
- Cyfe: https://www.cyfe.com/
- Socialbakers: https://www.socialbakers.com
- Sproutsocial: https://sproutsocial.com
- Brandwatch: https://www.brandwatch.com/de/

7.2 Reporting-Prozesse

Als Führungskraft ist es Ihre Aufgabe, sich jederzeit über die Entwicklung der Arbeit Ihres PCI ein Bild zu verschaffen. Deshalb empfehle ich regelmäßige Reporting-Routinen zwischen PCI und Führungskraft. Die Führungskraft ist in der Regel die Marketingleitung oder Geschäftsführung.

Analyse und Reporting können sehr arbeitsintensiv sein. Daher sollten Sie in Erwägung ziehen, in der Anfangszeit ein reduziertes Reporting umzusetzen, beispielsweise in einer vierzehntägigen Reporting-Routine. Die Reports enthalten dann die wenigen, aber wichtigsten KPIs.

7.2.1 Reduziertes Reporting

Nachfolgend erhalten Sie einen Vorschlag für ein einfaches Reporting. Sie können diesen Teil auch als Anforderungsliste für ein Tool verwenden. Zunächst werden wir ein reduziertes Reporting umsetzen, um den zusätzlichen Aufwand in Grenzen zu halten, und später das Reporting erweitern.

Ein Report ist so aufgebaut, dass er selbsterklärend ist und auch ein Nichtfachmann das Reporting versteht. Ich empfehle einen Bench zu definieren, sodass der Betrachter auf einen Blick erkennt, was gut und was schlecht gelaufen ist.

Wöchentlicher Report
Darstellung je Kanal, Veränderung zur Vorwoche.

- **Interaktionsrate**
  - Anzahl Likes
  - Anzahl Kommentare
  - Anzahl Shares
  - Anzahl Link Klicks (extern)
  - Anzahl andere Interaktionen
- **Followerzahl**
  - Anzahl
  - Unfollows
- **Anzahl der veröffentlichten Contents**
  - Unterteilt nach relevanten Formaten
- Fazit und Einschätzung des PCI

7.2.2 Umfassendes Reporting

In einem umfangreicheren Report dokumentieren wir weitere Analyseergebnisse zu den Bereichen Sentiment, Community Management und Reputation (s. Tab. 7.1).

Nach circa sechs Monaten Einsatz des PCI wird das Reporting weiter ausgebaut und es werden Reputationsziele definiert:

- Report (wie oben) je Kanal, ohne Google Rating
- Wöchentlicher Report Overall und je Kanal
- Zieldefinition Sentiment und Zielerreichung

Tab. 7.1 Zusätzliche Messwerte im Report

KPI	Wert	Beschreibung
Sentiment	0–100 %	Positives Sentiment über alle Kanäle hinweg. Vergleich zum Vormonat und YTD
Google Rating	0,00–5,0	Durchschnittliche Bewertung aller Google-MyBusiness-Bewertungen. Vergleich zum Vormonat und YTD
Kommentare Eingang (alle)	0–x	Anzahl der eingegangenen Kommentare im Berichtszeitraum. Vergleich zum Vormonat
Dialogfähige Kommentare Eingang	0–x	Anzahl der eingegangenen Kommentare im Berichtszeitraum, die eine Beantwortung erfordern. Vergleich zum Vormonat
Kommentare Eingang (nach Kategorie)	Anzahl je Kategorie	Anzahl der eingegangenen Kommentare je Kategorie im Berichtszeitraum. Vergleich zum Vormonat. Die Kategorien werden im Vorfeld individuell festgelegt und möglichst nicht mehr verändert
Kommentare beantwortet (alle)	0–x	Anzahl der ausgehenden Antworten je Kanal im Berichtszeitraum. Vergleich zum Vormonat
Kommentare nach Sentiment (alle)	Anzahl je Sentiment	Anzahl der jeweils positiven, neutralen und negativen eingegangenen Kommentare im Berichtszeitraum. Vergleich zum Vormonat

Nach zwölf Monaten wird die wöchentliche und monatliche Analyse auf die vorab definierten Service Level Agreements (SLA) und deren KPIs ausgeweitet:

- Eingang nach Tageszeit
- Response Time[1]
- Handling Time*

---

[1]Hier werden keine mitarbeiterbezogenen Daten erfasst und verarbeitet, sondern lediglich Teamdaten.

Um wertvolle Arbeitszeit des PCI zu sparen, werden sämtliche Social-Media-Daten aus einem Tool vollautomatisch als PDF generiert. Die Google-Daten werden aus dem Google MyBusiness (GMB) Backend manuell in ein Template übernommen.

7.2.3   Reporting-Tools

Der Einsatz eines zeitgemäßen Social Media Tools erhöht die Effizienz der Prozesse, reduziert den Zeitaufwand und erleichtert die Arbeit des PCI. Es liefert die erforderlichen Reports out-of-the-box. Bei PCI der Kategorie 3 stimmen sich der PCI und das Community Management ab. Es gibt Tools, die die Anforderungen beider Organisationseinheiten erfüllen und somit gemeinsam genutzt werden können.

Ein Tool muss unter anderem folgende Funktionen aufweisen, um die Anforderungen an optimale Prozesse zu erfüllen:

- Anlegen von Beitragskategorien und Beiträgen
- Markierung eines Kommentars mit folgenden Feldern:
  - Status (offen, in Bearbeitung, zurückstellen, erledigt)
  - Sentiment (positiv, neutral, negativ)
  - Notizen
  - Zuordnung Beitragskategorie
- Direkte Sammelansicht, welche Kommentare bereits gesichtet wurden und welche nicht (Status-Filter)
- Ausgabe eines exportfähigen Reports je Kanal und Overall, nach freiem Datum selektierbar, mit folgenden KPIs:
  - Positives Sentiment (%)
  - Anzahl Kommentare Eingang (Alle)
  - Anzahl dialogfähige Kommentare Eingang
  - Anzahl Kommentare Eingang (nach Kategorie)
  - Anzahl Kommentare beantwortet (Alle)
  - Anzahl Kommentare nach Sentiment (Alle)
  - SLA Werte
    Nach Kanal
    Nach Beitragskategorie
    Ø Response Time (min)
    Ø Handling Time (min)
    Ø Response & Handling Time nach Team (min)

- Anlegen von Teams und Zuordnung von x Usern je Team
- Namen der Top-Autoren je Kanal (mit Link zu Profil und Beitragsübersicht)
- Nutzerabhängige Freigabeprozesse von Antworten

▶ **Wichtig**
Facelift: Der Alleskönner unter den Social Media Tools. Es vereint alle Anforderungen wie Moderation, Redaktionsplanung, Community Management, Reporting und Social Listening.
Unymira Connect: Connect von Unimira (https://www.unymira. com/) deckt viele der oben genannten Anforderungen ab.
Brandwatch: Dieses Social Listening Tool (https://www.brandw atch.com/de/) bietet eine umfassende Sentiment-Analyse ohne redaktionelle oder dialogführende Funktionen. Brandwatch wertet Kommentare eigener und fremder Kanäle vollautomatisch durch eine semantische Analyse aus. Als Ergebnis wird ein Sentiment ausgegeben, das unseren Anforderungen entspricht.

Integrierte Entscheidung
Um unternehmensinterne Synergien insbesondere bei der redaktionellen und strategischen Planung zu nutzen, empfiehlt es sich, die Auswahl eines Tools gemeinsam mit Ihrem digitalen Marketing (Social-Media-Abteilung) und der IT vorzunehmen.

Semantische Sentiment-Analyse
Prüfen Sie die Zuverlässigkeit einer automatisierten Analyse im Vorfeld sehr genau. Die Algorithmen solcher Tools entwickeln sich zwar ständig weiter, doch sind meine Erfahrungen mit bisherigen semantischen Analysen eher negativ. Ich empfehle daher die manuelle Sentiment-Definition in einem Tool, das Sie auch zur Beantwortung der Beiträge nutzen. Beobachten Sie trotzdem parallel die Weiterentwicklung der semantischen Algorithmen.

7.3 Der ROI eines PCI

Wann rechnet sich die Investitionen in einen PCI? Wie viel bringt uns Social Media? Was ist der Return on Investment (ROI) von Social Media? Gegenfrage: „Wie viel ist denn ein Telefonat Ihres Kundenservice-Mitarbeiters wert?" Die Beantwortung dieser Frage gestaltet sich sehr schwierig, wenn man eine klassische ROI-Berechnung anstellt.

Die Return-on-Investment-Methode ist ein Modell zur Berechnung der Rendite einer unternehmerischen Tätigkeit, gemessen am Gewinn im Verhältnis zum investierten Kapital. Social Media hat das primäre Ziel der Interaktion. Diese Interaktionen stehen nicht immer in direktem Zusammenhang mit Verkäufen. Social Media trägt zur Markenbekanntheit und zur Identifikation mit der Gesamtmarke bei, fördert die Kundenbindung und hat Impact auf den Retail. Dadurch ergeben sich sehr viele Datenpunkte im Unternehmen, was die Return-on-Investment-Rechnung im klassischen Sinn schwierig gestaltet. Vielmehr kann man eine „ROI in Social Media"- und eine „Return on Interaction"-Berechnung anstellen. Dazu müssen lückenlos die Ergebnisse einzelner Interaktionen der Social Media analysiert werden, was nahezu unmöglich ist.

7.3.1 Der Wert eines Followers

Was ist ein Instagram Follower wert? In Abschn. 4.4 haben wir bereits gesehen, dass der Medienwert anzeigt, wie viel Euro ein Kontakt in den Social Media oder digitalen Kanälen kostet. Durch den Aufbau Ihres PCI generieren Sie organische Reichweiten. Diese Reichweiten (Kontakte) werden in Relation zum Einkauf eines Kontakts, zum Beispiel über eine Ad, gesetzt.

- Wurde oder wird in Ihrem Unternehmen exakt der ROI Ihrer Kundenbetreuungsabteilung gemessen?
- Was ist ein Kontakt in Umsatz gerechnet wert, den Sie mit Ihrem Kunden oder Interessenten haben?
- Wann konvertieren Sie einen Interessenten zum Kunden?

Diese Frage ist im vertikalen Marketing sehr schwer zu beantworten. Im Vertrieb kennen wir die Aussage „Sieben Kontakte bis zum Abschluss". Nach durchschnittlich sieben Kontakten jeglicher Art, so diese These, hat ein Interessent Vertrauen in Ihre Marke gefasst und wird abschließen. Doch das ist nicht auf jede Branche oder jedes Produkt anwendbar.

Die nachfolgenden Berechnungen sind demnach mit Vorsicht zu verwenden und immer im Gesamtzusammenhang mit Social Media, Branche und Produkt zu betrachten. Die Medienwertberechnung zeigt lediglich auf, welche Einblendungszahlen Sie erreichen und welchen Wert diese in den klassischen Online-Medien darstellen.

Bei der Reichweite beachten Sie die Besonderheiten der einzelnen Netzwerke. So wird zum Beispiel bei Instagram die tatsächliche Reichweite durch den EdgeRank eingeschränkt. Wenn wir also Reichweiten-Potenziale anhand der Abonnentenzahl berechnen, entspricht das nicht der tatsächlichen potenziellen Reichweite.

Die Einblendungen (Impressions) Ihrer Social Media Postings setzen Sie in den Vergleich zu anderen Online-Werbeaktivitäten und legen dabei einen vergleichbaren Tausender-Kontakt-Preis (TKP) zugrunde. Definieren Sie den TKP je nach Land und Branche als einen gängigen Durchschnittswert oder Erfahrungswert. Alternativ setzen Sie einen Klickpreis bei Suchmaschinenwerbung (SEM) an.

Sehen wir uns eine Beispielrechnung an.

Beispiel

Die Firma Interlogisticus beitreibt eine Facebook Fanpage in Deutschland. Der TKP eines deutschen Top-Zielgruppenportals beträgt 30,- €, in Frankreich 40,- €.

* Land: DE
* Follower: 3500
* Anzahl Postings: 15

Reichweite:
In den Facebook Insights erhalten Sie einen exakten Messwert, wie viele Personen Ihren Beitrag im Newsfeed gesehen haben. Diese Zahl addieren Sie für den Auswertungsmonat. Gehen wir im Beispiel von pauschal 30 % aus.

* $3500 \times 30\ \% = 1050$
* 1050×15 Postings $= 15.750$
* TKP in DE: 30,- €
* $15.750\ /\ 1000\ *\ 30 = 372,50$ €

Medienwert: 372,50 €
Das können Sie nun pro Kanal analysieren und berechnen. Sie haben dadurch einen vergleichbaren Wert, wie viel Sie in klassische Online-Medien investieren müssten, um die gleiche Kontaktanzahl zu erreichen. Diese Berechnung stellt jedoch in keiner Weise die Qualität von Social-Media-Kontakten dar. Die Qualität in Social-Media-Kanälen hat einen höheren Wert als ein Klick, der durch ein Online-Werbemedium erzielt wurde.◄

Elementare Bestandteile, die sich auf den Verkaufserfolg (Umsatz) auswirken, sind die positive oder negative Reputation der Marke, Umsätze durch Kundenbindung (Retail) und die Einflüsse richtiger Entscheidungen in die Produktverbesserung anhand der Interaktionen in den Social-Media-Kanälen. Nichts desto trotz entscheiden Sie zu Beginn eines Geschäftsjahres über ein Budget für Social-Media-Aktivitäten. Sie werden deshalb Kosten-/Nutzen-Berechnungen anstellen. Bitte verdeutlichen Sie jedoch Ihren Budget-Entscheidern, dass es sich nicht um eine klassische Return-on-Investment-Berechnung handelt und die zuvor genannten nicht messbaren Bestandteile Ihrer Social-Media-Arbeit imaginär in die Erlösberechnung mit einfließen sollten.

Eine betriebswirtschaftliche ROI-Berechnung ist stark abhängig davon, in welcher Branche ein Unternehmen arbeitet und mit welcher Zielstellung Social Media betrieben wird. Handelt es sich zum Beispiel um ein Unternehmen, das ausschließlich einen Onlineshop betreibt, kann man die Abverkäufe durch Social-Media-Arbeit sehr gut messen und zuordnen.

Definition einer ROI-Berechnung
Umsatzrendite x Kapitalumschlag = ROI.
Die Umsatzrendite und der Kapitalumschlag berechnen sich wie folgt:

$$\frac{Gewinn}{Nettoumsatz} \times \frac{Nettoumsatz}{Gesamtkapital}$$

7.3.2 Aufwandberechnung und Erlösrechnung

Bei der Berechnung des Aufwands sollten Sie folgende Personal- und Sachkosten berücksichtigen:

- Strategische Arbeit: Planung, Konzepterstellung, Strategische Arbeit
- Operative Kommunikation: Content-Recherche, redaktionelle Arbeit, Monitoring, Kampagnenumsetzung
- Lizenzkosten: Lizenzen für Monitoring Tool, Content Collaboration Tools etc.
- Werbekosten: Online- oder Offline-Anzeigen
- IT-Kosten: Endgeräte
- Personalkosten

Wenn es Ihr Geschäftsmodell zulässt, die Erlöse aus eindeutigen Social-Media-Kontakten feststellen zu können, so nehmen Sie diese Zahl als Einnahme. Ein hilfreiches Instrument bei Unternehmen, die über einen Onlineshop oder eine Homepage verkaufen, ist die Messung der Besucher, die auf ihrem Online-Verkaufsmedium konvertiert wurden bzw. gekauft haben. Die Umsatzzahl dieser Kunden wird in diesem Fall eindeutig den Social Media zugeordnet. Wenn Sie in einem stationären Handel jeden Kunden nach der Herkunft fragen (Empfehlung, Anzeigen, Social Media) und die Umsätze entsprechend zuordnen, ordnen Sie auch diese Erlöse den Social Media zu.

Mustervorlagen und Tools für die praktische Anwendung

8

Zusammenfassung

Innerhalb der ersten sechs Monate befindet sich der Angestellte in der Probezeit. Innerhalb dieses Zeitraums kann das Arbeitsverhältnis von beiden Seiten unter Berücksichtigung einer zweiwöchigen Frist gekündigt werden, wobei das Recht der fristlosen Kündigung unbeschadet bleibt. Die gesetzliche Kündigungsfrist gilt erst nach Ablauf der Probezeit.◄

8.1 Muster eines Arbeitsvertrags für PCI[1]

Arbeitsvertrag
Zwischen
(Name und Adresse des Unternehmens)
und
Herrn/Frau (Name und Adresse des Arbeitnehmers)
kommt es zur Schließung des folgenden Angestelltenvertrags:

§ 1 Beginn und Dauer des Berufsverhältnisses
Am [Datum des ersten Arbeitstages] beginnt das Arbeitsverhältnis, welches auf unbestimmte Zeit fortläuft.

---

[1]Für den Inhalt übernimmt der Autor keine Haftung. Bitte konsultieren Sie immer einen Anwalt.

§ 2 Probezeit

Innerhalb der ersten sechs Monate befindet sich der Angestellte in der Probezeit. Innerhalb dieses Zeitraums kann das Arbeitsverhältnis von beiden Seiten unter Berücksichtigung einer zweiwöchigen Frist gekündigt werden, wobei das Recht der fristlosen Kündigung unbeschadet bleibt. Die gesetzliche Kündigungsfrist gilt erst nach Ablauf der Probezeit. Damit das Arbeitsverhältnis nach dieser Zeit fortgesetzt wird, muss der Arbeitgeber dies mit dem Angestellten vereinbaren.

§ 3 Beschreibung der Tätigkeit

Der Arbeitnehmer erhält durch seine Anstellung die Position des Permanent Corporate Influencers. Grundsätzlich ist er verantwortlich für folgende Arbeiten:

- Operative und strategische Umsetzung der interpersonellen Kommunikation unseres Unternehmens in digitalen Kanälen, überwiegend vor der Kamera für Bewegtbild-Formate
- Strategische Planung des Social-Media-Marketings des Unternehmens
- Strategische und operative Content- und Themenplanung
- Produktion und Postproduktion von selbst produzierten Video-Contents
- Abstimmung mit externen Dienstleistern und Agenturen
- Monitoring und Reporting aller Ergebnisse in den digitalen Unternehmenskanälen
- Erarbeitung von Handlungsempfehlungen für das Marketing und Management
- Berichterstattung an die Geschäftsführung

Der Angestellte erklärt sich bereit, auch andere, hier nicht genannte, zumutbare Aufgaben zu erledigen. Diese entsprechen seinen Kenntnissen und Fähigkeiten. Die vereinbarte Vergütung wird unabhängig von den ausgeführten Arbeiten gezahlt.

§ 4 Vergütung der Beschäftigung

Der Angestellte erhält ein monatliches Bruttogehalt von x Euro.

Sollte sich der Arbeitgeber entschließen, zusätzliche Zahlungen zu tätigen, sind diese als freiwillige Leistungen anzusehen. Es kommt auch dann kein Rechtsanspruch auf eine dauerhafte Leistungsgewährung zustande, wenn vorbehaltslose Zahlungen dieser Art wiederholt auftreten.

Tritt der Fall ein, dass das Arbeitsverhältnis ruht, besteht kein Anspruch auf Zuwendungen oder Arbeitsentgelt. Darunter fallen Zeiten der unbezahlten Freistellung, Wehr- sowie Zivildienst als auch die Elternzeit. Darüber hinaus können Gratifikationen nur gewährt werden, wenn das Arbeitsverhältnis am Tag der Auszahlung weder gekündigt noch beendet wurde.

Der Angestellte erhält eine leistungsbezogene Vergütung, die in Anlage xx vereinbart wird.

§ 5 Arbeitszeiten

Wöchentlich beträgt die Arbeitszeit regelmäßig 40 h. Die Arbeitszeiten werden wir folgt vereinbart: xxx

Entsteht Mehrarbeit darüber hinaus, muss diese durch zusätzliche Urlaubstage ausgeglichen werden.

§ 6 Urlaubsanspruch

Der Angestellte besitzt Anspruch auf den gesetzlichen Mindesturlaub von 22 Arbeitstagen im Kalenderjahr, auf Basis einer Fünf-Tages-Woche. Darüber hinaus gewährt der Arbeitgeber weitere x Urlaubstage.

Für jeden Monat, in dem der Angestellte keinen Anspruch auf Vergütung oder Entgeltfortzahlung besitzt, mindert sich der Zusatzurlaub um ein Zwölftel. Das gilt auch, wenn das Arbeitsverhältnis ruht. Der vertraglich zugesicherte zusätzliche Urlaubsanspruch muss mit dem Ablauf des Übertragungszeitraums am 31. März des Folgejahres wahrgenommen worden sein. Andernfalls verfällt dieser. Diese Regelung besteht auch dann, wenn Urlaubstage aufgrund von Arbeitsunfähigkeit nicht genutzt wurden.

Kommt es zur Beendigung des Arbeitsverhältnisses in der zweiten Jahreshälfte, wird der Urlaubsanspruch gezwölftelt, ohne dabei das gesetzliche vorgeschriebene Mindestmaß zu unterschreiten. Nach Möglichkeit sind Urlaubsansprüche in diesem Fall bis zum Ende der Kündigungsfrist wahrzunehmen.

Das Bundesurlaubsgesetz fungiert als Grundlage für die rechtliche Behandlung des Urlaubsanspruches in diesem Vertrag.

§ 7 Betriebsferien

Der Arbeitnehmer akzeptiert, dass der Zeitraum der Betriebsferien von seinem vertraglich vereinbarten Urlaubskontingent abgezogen wird. Der Ferienzeitraum beläuft sich auf die Zeit zwischen dem xx.xx. und xx.xx.

§ 8 Arbeitsunfähigkeit durch Krankheit

Erkrankt der Arbeitnehmer ohne eigenes Verschulden und wird arbeitsunfähig, so besitzt er über 6 Wochen einen Anspruch auf Fortzahlung der zuvor gezahlten Vergütung. Der Angestellte ist zudem verpflichtet, das Fernbleiben von der Arbeit im Unternehmen unverzüglich und vor Beginn der Arbeitszeit dem Arbeitgeber mitzuteilen.

Besteht die Arbeitsunfähigkeit über drei Kalendertage hinaus, verpflichtet sich der Angestellte, den Arbeitgeber durch eine ärztliche Bescheinigung über die voraussichtliche Dauer des Fernbleibens zu informieren. Spätestens am vierten Krankheitstag muss der Nachweis dem Personalbüro vorliegen. Auch bei Krankheiten, welche die sechswöchige Dauer der Lohnfortzahlung überschreiten, besteht diese Nachweispflicht. Zudem ist es dem Arbeitgeber gestattet, auch schon früher auf die Vorlage der Arbeitsunfähigkeitsbescheinigung zu bestehen.

§ 9 Wahrung der Betriebsgeheimnisse
Der Arbeitnehmer ist verpflichtet, die Verschwiegenheitspflicht zu wahren. Auch nach einer Beendigung des Arbeitsverhältnisses dürfen keine Betriebs- und Geschäftsgeheimnisse nach außen dringen.

§ 10 Nebentätigkeiten
Sämtliche Nebentätigkeiten müssen dem Arbeitgeber schriftlich angezeigt werden und sind vom Arbeitgeber schriftlich zu genehmigen.

§ 11 Urheber- Wettbewerbsrecht
Bei allen vom Angestellten produzierten Werken handelt es sich um ein Pflichtwerk im Rahmen eines abhängigen, weisungsgebundenen Arbeitsverhältnisses. Der Angestellte überträgt sämtliche Nutzungsrechte an den Werken des PCI vollständig auf den Arbeitgeber.

Die wettbewerbsrechtlichen Vereinbarungen laut Anlage xx sind Bestandteil dieses Vertrags.

§ 12 Vertragsstrafen
Eine Vertragsstrafe droht dem Arbeitnehmer, wenn dieser seine Arbeitsstelle nicht wie vereinbart antritt oder sich auf eine andere Weise vertragswidrig verhält. Innerhalb der Probezeit beträgt die Strafe die Zahlung einer halben Bruttomonatsvergütung. Danach muss bei vertragswidrigem Verhalten eine volle Bruttomonatsvergütung aufgewendet werden. Das Recht auf Geldendmachung weiterer Schadensersatzansprüche bleibt davon unberührt.

§ 13 Kündigung des Arbeitsverhältnisses
Endet nach sechs Monaten die Probezeit, tritt die gesetzliche Kündigungsfrist in Kraft. Diese beträgt vier Wochen zum Fünfzehnten oder zum Ende des jeweiligen Kalendermonats. Eine wirksame Kündigung muss in Schriftform vorgelegt werden. Bevor das Arbeitsverhältnis nicht angetreten wurde, kann keine Kündigung erfolgen.

Bis zur Beendigung des Arbeitsverhältnisses kann der Arbeitnehmer vom Arbeitgeber freigestellt werden. Diese erfolgt grundsätzlich unter der Anrechnung der dem Angestellten zustehenden Urlaubsansprüche. Auch Guthaben auf dem Arbeitszeitkonto werden dabei beachtet. Kommt es zu einer Freistellung, in deren Zeitraum der Angestellte außerhalb des Unternehmens durch Verwendung seiner Arbeitskraft Verdienst erzielt, so muss dieser auf den Vergütungsanspruch gegenüber dem Unternehmen angerechnet werden.

Ohne erfolgte Kündigung endet das vereinbarte Arbeitsverhältnis mit dem Ende des Monats, in dem der Arbeitnehmer das für ihn festgelegte Renteneintrittsalter erreicht.

§ 14 Ausschlussfristen

Wollen Vertragsparteien Ansprüche aus dem Arbeitsverhältnis geltend machen, muss dies innerhalb von drei Monaten nach der jeweiligen Fälligkeit geschehen. Lehnt die Gegenseite eine Forderung ab, kann die betroffene Partei innerhalb der nächsten drei Monate eine Klage erheben. Andernfalls erlöschen jegliche Ansprüche.

§ 15 Änderungen des Anstellungsvertrags

Ergänzungen, Änderungen und Nebenabreden müssen in Schriftform festgehalten werden, damit sie gültig sind. Das betrifft auch Aufhebungen von zuvor vereinbarten Klauseln.

Die Wirksamkeit des Angestelltenvertrags wird nicht davon berührt, wenn sich einzelne Abschnitte als unwirksam erweisen.

Kommt es zu Veränderungen von persönlichen Verhältnissen, beispielsweise in Bezug auf Wohnadresse, Kinderzahl oder Familienstand, ist der Arbeitnehmer verpflichtet, den Arbeitgeber unverzüglich zu informieren.

[Datum und Unterschrift des Arbeitgebers]
[Datum und Unterschrift des Arbeitnehmers]

8.2   Mustervereinbarung zur leistungsabhängigen Vergütung

Anlage Nr. xx zum Arbeitsvertrag vom xx.xx.xxxx zwischen
(Name, Geburtsdatum Arbeitnehmer)
und
(Name Firma)

Die Parteien vereinbaren ab dem xx.xx.xxxx die nachfolgende freiwillige erfolgsabhängige Vergütung:

1. Der Arbeitnehmer erhält neben seiner fixen Vergütung in Höhe von aktuell xx EUR (brutto) die nachfolgende zusätzliche Vergütung, wenn er jeweils 100 % der vereinbarten Ziele je Zielkategorie erreicht hat:
   a. Zielkategorie: Interaktion
      Zielerreichung: 100 %
      Vergütung: 10 % des Jahres-Bruttoarbeitsentgeltes
   b. Zielkategorie: Community
      Zielerreichung: 100 %
      Vergütung: 15 % des Jahres-Bruttoarbeitsentgeltes
   c. Zielkategorie: Content
      Zielerreichung: 100 %
      Vergütung: 5 % des Jahres-Bruttoarbeitsentgeltes
2. Bemessungsgrundlage ist das Zielvereinbarungsgespräch und -protokoll zwischen der Führungskraft und dem Arbeitnehmer. Die Bewertung der Ziele erfolgt am 31.12. eines Jahres für mindestens die letzten 12 Kalendermonate.
3. Die erfolgsabhängige Vergütung wird erstmals nach einer Betriebszugehörigkeit von durchgängig mindestens 12 Monaten zum Ende des Kalenderjahres am 31.12. bewertet. Wurde das Beschäftigungsverhältnis unterbrochen, beginnt ein neuer Bemessungszeitraum.
4. Die erfolgsabhängige Vergütung wird zum 31.01. des Folgejahres des Bemessungszeitraums in voller Höhe ausgezahlt.
5. Für die Leistungsabhängige Vergütung besteht für den Arbeitnehmer keinen Rechtsanspruch. Die leistungsabhängigen Vergütungen des Arbeitgebers sind freiwillig und können jederzeit ohne Angaben von Gründen gestrichen oder versagt werden.
6. Für diese Vereinbarung gilt ausschließlich deutsches Recht.
7. Alle übrigen Vereinbarungen zwischen den Parteien bleiben unberührt.
8. Sollte eine Bestimmung dieser Vereinbarung unwirksam sein oder werden, nichtig sein oder nichtig werden, so wird die Wirksamkeit der übrigen Bestimmungen davon nicht berührt. Anstelle der unwirksamen/nichtigen Bestimmung werden die Parteien eine solche Bestimmung treffen, die dem mit der unwirksamen/nichtigen Bestimmung beabsichtigten Zweck am nächsten kommt. Dies gilt auch für die Ausfüllung eventueller Lücken in der Vereinbarung.

Datum, Ort
Unterschriften Arbeitnehmer und Arbeitgeber.

8.3　Muster einer wettbewerbsrechtlichen Zusatzvereinbarung

Anlage Nr. xx zum Arbeitsvertrag vom xx.xx.xxxx zwischen
(Name, Geburtsdatum Arbeitnehmer)
und
(Name Firma)
Die Parteien vereinbaren die nachfolgende Vereinbarung:

1. Der Arbeitnehmer überträgt das Recht am eigenen Bild im Rahmen seines Beschäftigungsverhältnisses vollständig und unentgeltlich an den Arbeitgeber. Diese Übertragung ist zeitlich und örtlich unbeschränkt sowie durch den Arbeitgeber entgeltlich und unentgeltlich an Dritte übertragbar. Dieses Recht räumt der Arbeitnehmer dem Arbeitgeber unentgeltlich und uneingeschränkt (örtlich und zeitlich) auch nach Beendigung seines Beschäftigungsverhältnisses ein. Der Arbeitnehmer berechtigt den Arbeitgeber insbesondere, diese Aufnahmen in den Social Media zu veröffentlichen und die Rechte an den Bildern gemäß der Nutzungsbedingungen an die Netzwerkbetreiber zu übertragen. Die Übertragung erfolgt an die Netzwerke Facebook, Instagram, YouTube, Pinterest, Twitter und WhatsApp.
2. Der Arbeitgeber betreibt folgende Social-Media-Konten:
(Hier alle Konten mit URL und Kontoname aufführen)
3. Eigentümer und Inhaber der aufgeführten Social-Media-Konten, in welche der Arbeitnehmer in die Kommunikation tritt, ist der Arbeitgeber. Dieses Eigentumsrecht beinhaltet alle Follower der jeweiligen Kanäle. Im Falle eines Ausscheidens beziehungsweise einer Beendigung des Beschäftigungsverhältnisses erfolgen keine Abwerbungsmaßnahmen durch den Arbeitnehmer, die Follower der Marke zu einem Wechsel auf einen anderen Kanal zu animieren. Diese Abwerbungsmaßnahmen dürfen auch nicht durch Dritte im Auftrag des Arbeitnehmers erfolgen.
4. Sämtliche Zugangsdaten zu den genannten Social-Media-Konten sind der Marke jederzeit zugänglich zu machen, auch nach Beendigung des Beschäftigungsverhältnisses.
5. Für diese Vereinbarung gilt ausschließlich deutsches Recht.
6. Alle übrigen Vereinbarungen zwischen den Parteien bleiben unberührt.
7. Sollte eine Bestimmung dieser Vereinbarung unwirksam sein oder werden, nichtig sein oder nichtig werden, so wird die Wirksamkeit der übrigen Bestimmungen davon nicht berührt. Anstelle der unwirksamen/nichtigen Bestimmung

werden die Parteien eine solche Bestimmung treffen, die dem mit der unwirksamen/nichtigen Bestimmung beabsichtigten Zweck am nächsten kommt. Dies gilt auch für die Ausfüllung eventueller Lücken in der Vereinbarung.

Datum, Ort
Unterschriften Arbeitnehmer und Arbeitgeber

8.4   Linksammlung

Hier finden Sie eine Sammlung von Links für unterschiedliche Fragestellungen:

*   Welches soziale Netzwerk für welche Zielgruppe? Hier können Sie Altersgruppen, demografische Daten und Interessen auswählen und erhalten eine Empfehlung, welches soziale Netzwerk relevant ist: https://socialmediaplanner.de/
*   Echtzeit Sentiment-Analyse und Suche nach Keywords in sozialen Netzwerken: https://socialmention.com/
*   Verkürzungsdienst für Links: https://bitly.com/
*   Multifunktionstool zur Befüllung verschiedener Kanäle: https://facelift-bbt. com/de/
*   Aktuelle Facebook-Nutzerzahlen und -Statistiken: https://allfacebook.de/use rdata/
*   Statistisches Bundesamt: https://www.destatis.de
*   Führendes Statistikunternehmen im Internet: https://de.statista.com/
*   Google Alerts zum Monitoring bestimmter Keywords: https://www.google.de/ alerts?hl=de

Aktuelle Social-Media-Trends und News
Social-Media-Marketing ist sehr schnelllebig. Abonnieren Sie Blogs, um auf dem Laufenden zu bleiben. Hier eine Auswahl an Social Media Blogs:

*   https://influencermarketinghub.com/ (englisch)
*   https://www.sentimeo.com
*   https://www.socialmediatoday.com/ (englisch).

Glossar

API Eine Programmierschnittstelle (Application Programming Interface), die beispielsweise Programmteile eines Softwaresystems anderen Programmen zur Verfügung stellt.

App Eine Applikation (Application), ein Anwendungsprogramm. Im Sprachgebrauch des Social Web sind damit Anwendungen auf mobilen Endgeräten wie Smartphones und Tablets gemeint.

Always On Kommunikation Die konstante und hoch frequentierte Kommunikation in der Social-Media-Kommunikation, auch Regelkommunikation genannt. Die Follower werden durch tägliche Kommunikation an die Marke erinnert, damit sie der Marke weiter folgen und das aufgebaute Vertrauen bestehen bleibt.

Bashing Eine öffentliche Beschimpfung (engl.: heftiger Schlag) in sozialen Netzwerken.

Blog Ein online geführtes Tagebuch oder Journal, auch Weblog genannt. Der Begriff Weblog setzt sich zusammen aus dem englischen Wort für Internet (World Wide *Web*) und Logbuch (*Log*). Die Darstellung ist vergleichbar mit einer Homepage. Das veröffentlichen von Inhalten nennt man „Blogging" oder „Bloggen".

Brand Fit Der Brand- oder Markenfit gibt an, inwieweit ein Brand Touchpoint (Markenkontaktpunkt) markenkonform ausgestaltet ist und die Marke dort für Kunden erlebbar wird.

CD/CI Siehe „Corporate Design".

Co-Creation Ein Content Creator und eine Marke entwickeln und vermarkten gemeinsam ein neues Produkt, meistens mit starkem Branding des Content Creators.

© Der/die Herausgeber bzw. der/die Autor(en), exklusiv lizenziert durch Springer Fachmedien Wiesbaden GmbH, ein Teil von Springer Nature 2021
T. Klein, *Der neue Corporate Influencer,*
https://doi.org/10.1007/978-3-658-32374-5

Collaboration Tool Ein Programm, das Informationen und Inhalte aus verschiedenen Kanälen zusammenführt und darstellt.

Content Englisch: Inhalt. Eine im Marketing häufig verwendete Begrifflichkeit für veröffentlichte Inhalte.

Content Pieces Ein einzelner Inhalt wie zum Beispiel ein Bildmotiv, Video, Text.

Conversion Die Umwandlung des Status einer Zielperson, z. B. vom Interessenten zum Kunden.

Cookies Textdateien auf einem Computer, die Daten zu besuchten Internetseiten enthält (engl.: Plätzchen). Beispielsweise werden in einem Cookie der Besuch, bereits eingegebene Daten in Online-Formulare oder Informationen zur Bewegung auf einer Internetseite gespeichert.

Corporate Design Das einheitliche Erscheinungsbild eines Unternehmens in der Öffentlichkeit. Es ist ein Teilbereich der Unternehmensidentität („Corporate Identity").

CPC Kosten pro Klick (Cost per click), ein Abrechnungsmodell für die Schaltung von Anzeigen im Internet. Der Werbetreibende zahlt einen Betrag, wenn ein Internetnutzer auf seine Online-Anzeige klickt. Die Einblendung an sich kostet nichts.

CPM Kosten pro tausend Einblendungen (Cost per Mille), auch Tausender-Kontakt-Preis (TKP) genannt. Der Werbetreibende zahlt diesen Wert für 1.000 Einblendungen seiner Anzeige im Internet.

CRM Customer Relationship Management, Kundenpflege, Kundenbeziehungsmanagement.

Crossmedial Kommunikation über mehrere Kanäle (z. B. Print, Online, TV) welche in der Regel zu einem Rückkanal führt.

Crowdsourcing Die User/Kunden werden aufgefordert, die Produkte oder Services mit Ihren Ideen, Vorschlägen oder gewünschten Eigenschaften mitzubestimmen. Crowd bedeutet Menschenmenge und Source ist die Quelle bzw. Ursprung. Die Wissenschaft definiert Crowdsourcing als die Auslagerung von Teilaufgaben eines Unternehmens an eine Menge von Freiwilligen Internetnutzern.

Customer Care Kundenservice, Kundenbetreuung, Kundendienst.

Display Ads Eine Werbeanzeige im Internet, die als Grafikdatei in eine Internetseite eingebunden wird.

Earned Content Inhalte in Online-Medien, die von Dritten anhand selbst initiierter Meldungen oder Aktionen (zum Beispiel Pressemeldungen) erstellt und veröffentlicht wurden.

Engagement Rate Siehe „Interaktionsrate".

Facebook Ads Werbeanzeigen (englische Abkürzung Ads für Advertisements), die Nutzern innerhalb von Facebook eingeblendet werden und auf Markenseiten in Facebook oder auf externe Internetseiten verweisen. Facebook Ads werden immer mit konkreten sozialen Verbindungen des Nutzers zur werbenden Marke (Likes von Freunden, Shares) versehen.

Facebook EdgeRank Ein Algorithmus von Facebook, um die Nutzer vor zu vielen Postings zu schützen. Nutzer und Seiten, mit denen der Facebook-Nutzer weniger agiert, erscheinen mithilfe des EdgeRanks nicht mehr in seinem Newsfeed.

Facebook Insight Die Statistik für Seitenbetreiber in Facebook, welche umfangreiche detaillierte Auswertungen zur Reichweite, dem Verhalten und der Demografie der Nutzer zur Verfügung stellen.

Fake Like Siehe „Likejacking".

Fake Follower Ein künstlich, meist durch Software erzeugtes Profil eines sozialen Netzwerks, welches keinen echten Menschen entspricht und einem Kanal folgt.

Fan Eine Person, die einer Facebook-Seite folgt. Beiträge vonseiten werden den Fans einer Seite in einem Newsfeed angezeigt.

Follower Leser und Abonnenten von Beiträgen eines Nutzers in sozialen Netzwerken (engl.: folgen). Beiträge von Personen, welchen man folgt, werden in einem Newsfeed angezeigt.

Follow Ratio Das Verhältnis von Followern eines Kanals zu selbst abonnierten Nutzern („Follows").

Forum Ein virtueller Platz (Marktplatz) zur Diskussion, zum Austausch und zur Archivierung von Gedanken und Meinungen.

Gefällt mir Siehe „Like".

Google Ads Eine Form der Internetwerbung in der Suchmaschine Google, die eine Einblendung von Text- oder Display-Anzeigen bei Suchenden ermöglicht. Dabei werden für die Einblendung relevante Suchworte (Keywords) definiert, die eine zielgruppenorientierte Ansprache (Targeting) ermöglichen.

Google Analytics Ein kostenloses Analyse-Tool zur Messung der Besucherzahl und des Besucherverhaltens auf eigenen Online-Kanälen.

Hands-on Das Wort leitet sich vom englischen hands-on ab, was mit „praktisch" übersetzt werden kann. Im Management-Bereich bedeutet der Ausdruck, dass Personen gefordert sind, die nicht nur zu delegieren, sondern selbst mit anzupacken.

Hashtag Ein Stichwort in Form eines Schlagworts. Hashtags werden bei Twitter verwendet. Die Begrifflichkeit kommt aus dem englischen für „hash" (das Zeichen Doppelkreuz „#") und „tag" (Schlagwort).

Hater Menschen, die in einem Kanal sehr häufig und sehr negativ kommentieren.

Hosting Erbringung einer Dienstleistung zur Bereitstellung von Internetprojekten, die öffentlich im Internet abrufbar sind. Ein Hosting-Dienstleister („Provider") stellt zum Beispiel Speicherplatz auf Computern („Server") zur Verfügung, auf denen Internetseiten, Shops oder Blogs im Internet bereitgestellt werden.

Impressions Anzahl der Einblendungen eines Beitrags oder einer Anzeige in Online-Medien.

Incentives Verschiedene Anreize, die den Abverkauf von Produkten positiv beeinflussen. Incentives können zum Beispiel Geld- oder Sachprämien, Reisen und Veranstaltungen sein.

Influencer Personen, die im Social Web mittels Blog, Instagram Account oder Facebook-Seiten hohe Reichweiten erzielen. Influence bedeutet „Einfluss".

Influencer Relations Eine Disziplin innerhalb des Social-Media-Marketings, um eine konstante Verbindung (Beziehung) zu Influencern aufrecht zu erhalten. Influencer Relations werden meistens mit dem Ziel einer zukünftigen bezahlten Kooperation durchgeführt.

Interaktionsrate Das Verhältnis der Interaktion an der Reichweite (Einblendungen) eines Beitrags in sozialen Netzwerken.

Internetaffin Eine enge Beziehung zum Medium Internet. Ein Nutzer ist internetaffin, wenn für ihn das Medium Internet und die Internettechnologie zu einem festen Bestandteil seines Lebens geworden sind und von ihm als Selbstverständlichkeit angesehen werden.

KPI Leistungskennzahl in der Betriebswirtschaft (Key Performance Indicator). Der KPI ist eine Messgröße, an welcher man den Fortschritt eines bestimmten Ziels misst.

LBS Standortbezogene Dienste im Mobilfunkbereich (Location-based Services). Mittels einer Lokalisierung z. B. mit GPS in Smartphones werden positionsabhängige Dienste bereitgestellt.

Lead Eine erfolgreiche Kontaktanbahnung, z. B. eine Interessentenanfrage über das Internet.

Like Ein Like ist die englische Bezeichnung für eine Gefällt-mir-Angabe in einem sozialen Netzwerk. Man spricht von „liken", also dem Abgeben von „Gefällt mir".

Likejacking Eine bösartige Methode, um Gefällt-mir-Angaben (Likes) auf Instagram zu generieren, obwohl der Nutzer dies nicht beabsichtigt. Oft werden auf Internetseiten unsichtbar im Hintergrund Likejacking-Codes eingebunden, die bei Besuch der Seite automatisch ein „Like" auf dem Instagram Profil des Besuchers posten, wenn der Nutzer im Hintergrund noch in Instagram eingeloggt ist.

MAU Monatlich aktive Nutzer (Monthly Active Users) eines sozialen Netzwerks.

Microblog Eine verkürzte Form des Blogging (siehe „Blog"). Der Nutzer veröffentlicht sehr kurze Nachrichten, die aus weniger als 200 Zeichen bestehen.

Microsite Eine verschlankte Internetseite im Design der Homepage mit wenigen Unterseiten und geringer Navigationsleiste. Sie wird auch „Landingpage" genannt.

Newsfeed Der Nachrichten- und Neuigkeitenstrom in einem sozialen Netzwerk (Feed = Strom, News = Nachrichten). In Facebook erscheint der Newsfeed direkt nach dem Log-in in der Mitte und enthält alle aktuellen Posts von Freunden, Fanpages und anderen Facebook-Medien.

Offline Im Marketing spricht man von Offline, wenn eine Kommunikation außerhalb der Online-Medien (Internet) stattfindet.

Owned Channel Ein Kanal, der technisch und physisch im Unternehmen geführt wird und im Besitz des Unternehmens ist.

Owned Content Inhalte in Online-Medien, die von einer Marke selbst erstellt und veröffentlicht wurden.

One-Shot-Aufnahme Eine Videoaufnahme, die in einem Stück ohne Unterbrechung (Schnitt) aufgenommen wird.

Paid Content Inhalte in Online-Medien, die von einer Marke selbst erstellt und gegen Bezahlung veröffentlicht werden, zum Beispiel Werbebanner oder Textanzeigen.

PoS Die Verkaufsstelle bzw. Einkaufsstelle für den Konsumenten im stationären Geschäft (Point of Sale).

Post Eine Mitteilung eines Nutzers in einem sozialen Netzwerk, oft auch „Posting" genannt.

Reach Aus dem Englischen „Reichweite". Es ist die Anzahl der Menschen, die einen Beitrag gesehen haben.

Retweet Eine Funktion zur Verbreitung (Teilen) eines Tweets in Twitter.

ROI Ein betriebswirtschaftliches Modell zur Messung der Rendite einer unternehmerischen Tätigkeit (engl.: return on investment), gemessen am Gewinn im Verhältnis zum eingesetzten Kapital, auch als Kapitalrendite bezeichnet.

Seeding Das strategische oder zielgruppenorientierte Platzieren viraler Botschaften (engl.: aussäen) in einem Online-Kanal (siehe „Viralmarketing").

Sentiment Stimmungsindikator, Gefühl, Empfindung für eine Marke. Im Bereich des Social Media Monitoring wird das Sentiment eines Beitrags oder Inhaltes meistens mit positiv, negativ oder neutral definiert.

SEO Suchmaschinenoptimierung (engl.: search engine optimization). Maßnahmen, um Webseiten im Ranking der Suchmaschinen auf höheren Plätzen erscheinen zu lassen.

SEM Suchmaschinenmarketing (engl.: search engine marketing). Werbemaßnahmen in Suchmaschinen, um Besucher in den eigenen Online-Medien zu genieren. Die meist genutzte Werbeform ist Google AdWords.

Share Siehe „Teilen".

Shitstorm Massenhafte öffentliche Entrüstung über eine Marke im Social Web, einhergehend mit zahlreichen negativen, beleidigenden Posts und Beiträgen.

Smartphone Ein Mobiltelefon, das über eine Internetverbindung verfügt und mittels installierter Anwendungen (Apps) mehr Funktionalität als ein klassisches Telefon zur Verfügung stellt.

Snackable Content Inhalte, die sich schnell, einfach und flexibel konsumieren sowie teilen lassen.

Social Engagement Die Beteiligung und das Engagement der Nutzer im Social Web.

Social Graph Ein Abbild (Soziogramm) der Beziehungen zwischen Personen, Produkten oder Marken eines Internetnutzers innerhalb eines sozialen Netzwerks.

Social Media Digitale Medien und Technologien, die es Internetnutzern ermöglichen, sich untereinander auszutauschen und selbst Inhalte zu generieren.

Social Media Intelligence Das Sammeln, Analysieren und Darstellen von Inhalten sozialer Netzwerke, die von Nutzern generiert wurden.

Social Mention Erwähnungen der Marke in Beiträgen und Inhalten sozialer Netzwerke.

Social Plugin Ein Softwaremodul (englisch: anschließen), das von einer Softwareanwendung während seiner Laufzeit entdeckt und eingebunden wird, um dessen Funktionen zu erweitern. Beispiel: Facebook bietet die Einbindung eines Social Plugins in externe Homepages. Beim Besuch der Homepage wird im Hintergrund eine Verbindung zu Facebook aufgebaut und auf der Homepage werden Informationen aus Facebook angezeigt.

Social Search Eine Suche im Internet, die mittels eines Social Graph des Suchenden generiert wird. Suchergebnisse werden mit Informationen des Internetnutzers aus einem sozialen Netzwerk angereichert und entsprechend von der Suchmaschine bewertet. Dabei erhalten Suchergebnisse mit sozialen Faktoren (z. B. Likes von Freunden) eine höhere Relevanzbewertung und werden an oberen Positionen des Suchergebnisses angezeigt.

Stakeholder Personen oder Gruppen, die ein berechtigtes Interesse an einem Projekt oder Prozess haben. Im Bereich eines Unternehmens gibt es interne

Stakeholder (z. B. Mitarbeiter, Führungskräfte) und externe Stakeholder (z. B. Kunden, Lieferanten, Geschäftspartner).

Storyboard Ein Szenenbuch eines Drehbuchs für Bewegtbild, das in zeichnerischer Form eine Idee oder ein Konzept visualisiert.

Storytelling Im Marketing bezeichnet man als Storytelling (engl.: „Geschichten erzählen") eine Art der Kommunikation, bei der man Botschaften durch Geschichten und Metaphern an seine Empfänger transportiert.

Stream Ein Stream wird im Bereich des Internets als ein Datenstrom bezeichnet, also das kontinuierliche Übertragen von Daten oder Informationen.

Streisand-Effekt Ein Versuch, eine Information zu unterdrücken und das Gegenteil zu erreichen, nämlich die noch stärkere Verbreitung der Information.

Swipe-up Eine Funktion in Instagram Stories, um einem externen Link außerhalb der Plattform zu folgen.

Tab Ein Facebook-Tab ist eine beliebige Internetseite, die innerhalb einer Facebooks-Seite integriert werden kann. Sie erfordert eine Anbindung an das Facebook API. Ein Tab wird unterhalb des Titelbildes einer Facebook-Seite als Icon angezeigt und verlinkt.

Tablet Ein tragbarer flacher Computer mit einem Touchscreen-Display ohne ausklappbare Tastatur.

Tag Englische Bezeichnung für Schlagwort.

Take Eine Aufnahmesequenz vom Start bis zum Stopp einer Video-Aufnahme.

Targeting Im Bereich der Online-Werbung bezeichnet man als Targeting die zielgruppengerichtete Einblendung von Online-Werbung auf Internetseiten. Ziel des Targetings ist es, möglichst wenig Streuverluste zu erreichen und die richtige Zielgruppe anzusprechen. Social Targeting bezieht sich auf Interessen, Nutzerverhalten und persönliche Verbindungen innerhalb eines sozialen Netzwerks.

Teilen Eine Funktion in sozialen Netzwerken, einen beliebigen Beitrag (Text, Bild, Video, Link) an seine Freunde zu verbreiten.

Tool Eine Anwendungssoftware oder ein Dienstprogramm.

Tweet Ein Beitrag auf Twitter (englisch: zwitschern). Ein Tweet wird unter den Followern des Nutzers verbreitet und ist öffentlich für jeden Twitter-Nutzer einsehbar, wenn er das Profil des Nutzers besucht.

Twitterwall Eine Darstellungsart für ausgewählte Tweets verschiedener Nutzer auf einer virtuellen Wand (Seite). Auf einer Twitterwall (englisch: Zwitscherwand) werden Tweets aller Nutzer angezeigt, die einen bestimmten Hashtag besitzen. So kann man zum Beispiel auf einer Twitterwall ausschließlich Tweets zu einem Thema oder einer Kategorie anzeigen. Eine Twitterwall wird in kurzen Intervallen von wenigen Sekunden aktualisiert.

Unfollow Das Entfolgen bzw. Verlassen eines Abonnements eines sozialen Kanals.

URL Eine URL (Uniform Resource Identifier) lokalisiert eine Internetseite im Internet. Umgangssprachlich wird die URL auch Internetadresse genannt.

User Generated Content Inhalte in Online-Medien, die von Nutzern erstellt und veröffentlicht wurden.

Viralmarketing Eine Marketingform, die verdeckte und ungewöhnliche Nachrichten meist in sozialen Netzwerken auf ein Produkt oder eine Marke aufmerksam macht. Die Verbreitung der Nachrichten erfolgt in hoher Geschwindigkeit und meist epidemisch wie ein Virus.

Web 2.0 Als Web 2.0 wird als Schlagwort die veränderte Internetnutzung bezeichnet, in der der Internetnutzer nicht mehr nur Informationen konsumiert (Web 1.0), sondern selbst Internetinhalte erstellt. Die Bezeichnung „Social Media" wird inzwischen immer häufiger für den Begriff Web 2.0 verwendet.

The manufacturer's authorised representative in the EU is Springer
Nature Customer Service Centre GmbH, Europaplatz 3, 69115 Heidelberg,
Germany. If you have any concerns regarding our products, please
contact ProductSafety@springernature.com

Printed and bound by CPI Group (UK) Ltd, Croydon, CR0 4YY

28/04/2026

02098489-0001